渡部先生、日本人にとって天皇はどういう存在ですか?

渡部昇一／フォルカー・シュタンツェル

GENTOSHA

JN173478

はじめに　フォルカー・シュタンツェル

二〇一六年から二〇一七年にかけての秋学期、私は獨協大学で教員を務める機会を得ました。二〇一三年十月に駐日ドイツ大使の任務を終えた三年後のことです。

その時期、世間は天皇退位の話題でもちきりでした。私にとって天皇制に向き合うことは、日本の文化や政治を理解する方法の一つです。そもそも、私が日本に抱いた最初の関心は、すぐれて政治的なものでした。十歳のころの先生が国際的な反核運動に参加していて、授業でもそういった話をよくしてくれたのです。

広島や長崎の惨状についての話には強い衝撃を受け、もっと詳しいことを知らなければと思いました。ティーンエイジャーになると、日本の政治や歴史についての知識を深めました。近代化によって先行する国々に追いつこうとした歴史など、ドイツ現代史との明らかな共通点も、日本への関心を一層強くもつ一因となったのです。

歴史が入り口となり、日本の文化や文学にも親しみはじめました。こちらへの関心も次第に広がり、『源氏物語』もドイツ語訳で読みました。しかし、歴史とは反対に、源氏物語は全く共通点を見出すことのできない世界でした。物語に度々登場する天皇にいたっては、ドイツの歴史や文学からは、完全に類推不可能な存在だったのです。

しかし、私たち「六八年世代」が日独それぞれで、過去のナショナリズムやファシズムに批判的に向き合ったことから、ふたたび共通点を感じました。そのころ、私は留学生として京都大学で学んでいて、政治に関心をもつ学生であれば、ドイツでも日本でも、ある意味「同じ言語」を共有していると思ったものです。

私たちは当時、それぞれの国の「現在」を変えるために、「過去」の過ちを認識したいと考えていました。ドイツでは過去の過ちをたどると、否応なくドイツナショナリズムが誕生した十九世紀初頭の民主主義運動にまでさかのぼることになります。

それでは日本はどうか。日独の共通点がこの点においてもあるのだと、当時私に指摘してくれたのは、京都で哲学を専攻していた学生でした。彼は私に、一八二五年に水戸学の学者が書いた本を「読め」と言って渡してくれたのです。会沢正志斎《あいざわせいしさい》の『新論』です。私はこの『新論』について博士論文を書きました。

その後、ドイツ連邦共和国の外務省に入省し、一九八二年、最初の在外任地である東京に赴きました。そしてその東京で、本物の天皇を見ることとなりました。一九八四年、ドイツ大使の着任に際し、連邦大統領の任命書を天皇に提出する信任状捧呈式を行うことになったのです。

大使には随員が六人つくことになっていて、一番の若手が、儀典担当の私でした（ちなみに、この式のためにモーニングコートをレンタルしました）。儀装馬車の列で皇居に到着し、宮内庁職員の真剣かつ周到、細心な指導のもと、礼をはじめ全体の流れを幾度も練習させられました。そしていよいよ、実際の式に臨むことになったのです。

昭和天皇が目の前に立っていました。握手の手を差し出しています。その瞬間、私は二重の意味で感じ入っていました。脳内が混乱を極める中、これまで何年も天皇制について読んできた様々なことがいちどきに全て思い浮かびます。もちろん昭和天皇自身、そして彼の戦前における役割も含めてです。

今、実際に、千年以上にわたる天皇家の家系と、日本文化の根源的要素を象徴する存在を目の前にしている。数秒か数分かわからないけれど、その短い時間は信じられないような状況と言えました。

他方において、感覚的な要素も大きく作用しました。無駄のない宮殿、抑制された室内、簡潔な式典、私が目の前にしているこの人物の風格。これらは、日本の政治ではなく、日本の文化でありました。そのことは、あのように短い一瞬であっても、感覚的に悟ることができました。そしてこれこそが、この出来事の一番重要な点であったのでしょう。だからこそ、今もなお鮮明に記憶に残っているのです。

最初の日本赴任を八五年に終えた私は、二十四年の時を経て、ドイツ政府によって再び東京に派遣されました。今度は駐日大使としてです。そして自分の大使就任で、天皇のもとに参上することになりました。ただし、昭和天皇ではなく、その息子の現天皇のもとにです。

自分の信任状を天皇にいよいよ提出することになったのですが、予想していたにせよ、やはり驚きを禁じ得なかったのは、一連の流れと式次第が八四年当時と寸分も違わないものであったということです。（宮内庁職員は当時と同じく、真剣かつ周到、細心でしたが）その場に居合わせた人々が異なっていたに過ぎないのです。

いずれにせよ、八四年当時に加え素晴らしい経験をさせてもらうことができました。また今回は、国家元首の代理として派遣された大使の身であるということもあり、ほかにも天皇や皇族と出会うさまざまな社交の場がありました。そして再び、今日もなお独特であり続けている天皇制というものに対峙している自分がいたのです。

渡部昇一氏の著書数冊とともに、幻冬舎から氏と対談をしてはどうかとの提案を頂いたときには興味深く感じました。渡部氏の著書は、天皇制を文化哲学的に捉え、日本の社会、歴史、文化に迫ろうとするものばかりです。私も考えずにはいられないようなテーマが扱われています。

今回の対談で渡部氏と私が結論として導き出している考えは同じではないし、お互いにほとんど別世界のことについて話しているような部分もあります。それでも、語っている「言語」はある意味「同じ言語」です。

それぞれの国の文化的根源まで掘り下げ、そこから生まれ出たものがどのようにして現在の姿になったのかを見出そうとする言語です。とりわけ両者ともに、そうした特定の伝統のもとで、政治的にどのような決断を下すのが正しいのかということに関心を抱いています。

対談は、二〇一七年一月末、私が日本をあとにする四日前に行われました。それから間もなく、幻冬舎から渡部氏の悲報が届きました。氏が最晩年に不特定多数に向けて自らの考察を述べられたものとして、対談は特別の意味合いを帯びてきます。

それだけに、渡部昇一氏と、私たち両者をつかんで離さないテーマについて今回の対談を行えたことを私は大変ありがたく思っています。

天皇制については実にさまざまなことを考えさせられます。日本の文化について、歴史について、そして人々がどのようにして共同体を形成し、組織しているかについて。

そうしたことについて自分なりに考えを深め、最終的にドイツに帰国後、天皇制に関する短い考察を本として出すに至りました。本書の第2部にはこの翻訳を収録しています。天皇への深い敬意の念を抱きつつ、無我夢中で進めた試みの結果です。

これはドイツ人向けに書いたもので、日本人読者は全く想定していませんでした。日本人の読者にとっては知っている内容も多いかもしれませんが、外国人の考える天皇論とはどのようなものか、読者の方々に関心をもっていただければ幸いです。

渡部先生、日本人にとって天皇はどういう存在ですか？　目次

第1部

渡部昇一　フォルカー・シュタンツェル　対談

1　日本には神話の力が生きている

2 世界に例のない万世一系の存在

3 天皇の力は俗世の権力とは別次元

4 歴史の転換点で果たされる天皇の役割

5 新しい時代の天皇の在位・退位の考え方

第2部 時を超えて 二十一世紀の天皇

フォルカー・シュタンツェル

7　二十一世紀の天皇――陳腐化と再定義

第1部

渡部昇一
フォルカー・シュタンツェル
対談

渡部昇一
フォルカー・シュタンツェル
対談
1

日本には神話の力が生きている

外国人には理解しにくい、神話からつながる天皇家　◆渡部

戦後、天皇ご夫妻による外国との親善活動などを通じ、諸外国にも天皇家の存在が、かなり知られるようになったと感じる日本人は多いようです。

しかし、日本という国家において、天皇家がどういう存在であるのか。この重要なテーマについて、正確な理解をしている外国人はおそらく少ないと思われます。

もちろん、ヨーロッパには日本に似た王制を敷いている国がたくさんあります。しかし、それらの王家と天皇家には決定的な違いがあるのです。

その決定的な違いとは、日本の天皇は、神話からつながっているということです。

日本の神話と言えば、和銅五年（七一二）、稗田阿礼《ひえだのあれ》が語ったことを太安万侶《おおのやすまろ》が編纂し、元明天皇に献上した『古事記』です。

ですから、そこから、天皇と天皇家がいかにして始まったのかを、簡単に振り返ってみましょう。

『古事記』によると、

「この世が、まだ混沌としてくらげのようにただよっていたとき、葦《あし》が初めて芽吹くように神々が生まれ、その後、イザナギ・イザナミの二神が、天《あめ》の神々に与えられた鉾《ほこ》をかき回してできたオノゴロ島に降り立ち、島々を産み落として日本という国ができあがった」

とされています。

そこから、ずっとつながって、やがて、初代の天皇・神武天皇が生まれました。すなわち、日本という国家ができあがったときからのちゃんとした系図が、切れることなく天照大神《あまてらすおおみかみ》から神武天皇までつながっているのです。さらに、神武天皇から今上天皇までも切れることはありませんでした。

こうした感覚は、王位を奪い合う歴史をもつ外国の方には理解しがたい感覚なのではないでしょうか。

たとえば、私は、三年前の平成二十六年（二〇一四）、高円宮家《たかまどのみや》の二番目の皇女典子さまが出雲大社の千家《せんげ》家に嫁がれたニュースを感慨深く拝見しました。

なぜならば、伊勢神宮系の皇室も出雲大社系の千家家も、天照大神の子孫で、現代に至るまで系図が切れないでつながっているからです。いわば、神話につながるお二人が結ばれたことになるのです。

これを西洋に置き換えたらどうなるでしょう。たとえば、ギリシャ神話にトロイ戦争というものがあります。ギリシャ神話のほとんどは〝物語〟であり、この戦争も元来は〝伝説〟でしかないと思われていました。しかし、ドイツ人ハインリッヒ・シュリーマンによってその遺跡が発掘され、歴史上の〝事実〟である可能性も出てきました。

さて、紀元前一二〇〇年ころと推測されるそのトロイ戦争の英雄、ギリシャ軍の総大将でミケーネの王様であるアガメムノンの子孫と、アガメムノンの弟の妻ヘレンを奪って戦の原因を作ったパリス王子の国・トロイが、たとえばその後もずっと王朝の系図をつなぎ、その末裔《まつえい》の王子と姫が、現在に至って結婚するという感覚は、西洋人には想像もできないと思います。

日本における、天皇家と出雲大社・千家家との結婚とは、それくらい西洋においてはあり得ないことなのです。

神話が〝物語〟ではなく〝事実〟である国 ◆渡部

神話と聞くと、絵空事に思われるかもしれません。たしかに、イザナギ・イザナミが日本の島々や数々の神を産み落としたなどという話は、あり得ない話として一笑に付す人もいるでしょう。

科学が発達した現代から見れば、奇想天外なお話もたくさんあります。ですから、『古事記』は歴史書であると同時に、神話の部類にもはいる書物でしょう。

しかし、神話とは、その国の自然や、そうした自然の中に生きる人々の心などを反映して作られるものです。いわば「民族の記憶」、国家のルーツが神話にはあるのです。

神話しかない時代があり、神話を尊重して日本の国ができたことは事実です。神話に国民性が反映され、国民性は神話によって形成されるという、お互いの相乗効果によって、日本国家はできあがったのです。

そういう目で神話を考えれば、あながち「あり得ない話」と見捨てていいはずがありません。そういう意味で、私は、中国人が書いた『魏志倭人伝《ぎしわじんでん》』よりも、ずっと、神話のほうに信憑性があると思っています。

しかも、日本の場合、神話を裏付ける、言ってみれば証拠のようなものも存在しています。ドイツ語で言えば、リアリエン（事実）とリテラトゥール（物語）の両方が残っているのです。

たとえば、『古事記』には、次のような記述があります。

「そのころ、地上は大国主神《おおくにぬしのみこと》が治めていた。その大国主神に、天照大神は、地上界は御子に治めさせる旨を通告してきた。大国主神一族は、結局はそれを受け入れて、地上の覇権を天孫《てんそん》に譲ることにした。

そのとき、大国主神は一つだけ条件を付けた。その条件とは、高くそびえて輝く天の御殿と同じように、土の底の磐根《いわね》に届くまで宮柱をしっかりと据え、高天原《たかまがはら》に届くほどに高々と柱を立てたものすごく大きな神社を作ることだった」

このように、服属して地上界の支配権を譲るのと引き替えに、大国主神は壮大な宮殿の主として祀られることになり、それが、今に残る出雲大社なのです。おそらく当時としては想像を絶するほどの建造物だったと思われます。

近年の発掘で、この巨大神殿の証拠となる宇豆《うず》柱が大社内の三か所で発見されました。スギの大木三本を一組にした、直径三メートルにもなる巨大な柱です。文書で残されている設計図もあり、それを基にした巨大神殿の復元模型も、発掘された柱とともに古代出雲歴史博物館に展示されています。

また、皇室の先祖が祀られている伊勢神宮も、最近二十年ぶりの式年遷宮を終え、今に至るまで、その威容を誇っています。

もちろん、先ほど述べたようにギリシャ神話にあるトロイ戦争も、リテラトゥールだけではなく、リアリエンでもあった可能性が高まっています。しかし、トロイ王朝もギリシャ王朝も途絶えてしまいました。

神話につらなる歴史をもっている国は、世界を見渡してもほとんどありません。

現代のゲルマン人やギリシャ人にとって、神話は神話でしかなく、歴史とは無関係です。中国でも、司馬遷《しばせん》は『史記』を書いたとき、神話や伝説の類の話をはずしていますから、神話から歴史がつながっているという発想はないのでしょう。

しかも、中国はよく「四千年の歴史」と言って、長い歴史を誇っています。しかし、昔、中国史を学んだとき、支配した国名を「殷《いん》・周《しゅう》・秦《しん》・漢《かん》・三国《さんごく》・晋《しん》、南北朝《なんぼくちょう》・隋《ずい》・唐《とう》・宋《そう》・元《げん》……」と覚えたように、中国には連続した王朝はありません。また、この歴史は侵略の歴史であり、民族も入れ替わっています。

しいて言えば、神話と歴史がつながっているのはユダヤ人でしょう。彼らは、神が七日間で宇宙を作ったという『創世記』に対して、おそらく私たちにとっての『古事記』に似た感覚をもっていると思います。

そして、エジプトにおける奴隷状態から、モーゼが「約束の地」に導いてくれたことを信じているのでしょう。

そういう意味で、ユダヤ人にとって、神話と歴史は密接に結びついています。だからこそ、必死でユダヤ教を守ろうとしているのではないでしょうか。ただし、ユダヤ人は、イスラエル建国まで国家をもちませんでした。ですから、国家の歴史として、神話をルーツとしているのは日本だけと言えるのです。

西欧にはあまりない、神話にルーツを求める国民性 ◆シュタンツェル

私にも、ユダヤ人の友人はたくさんいるのですが、ユダヤ人の宗教観については、渡部先生のおっしゃるとおりです。厳格にユダヤ教を守っている友人たちは、旧約聖書にルーツを求めています。

そして、改革志向の友人たちもまた、改革志向をもっているにもかかわらず、旧約聖書の時代から中世に至るまでのルーツを研究し、自分たちに結びつけています。

たとえば、ユダヤ教には、「スファラディーム」と呼ばれる勢力と「アシュケナズィム」と呼ばれる勢力があり、二大勢力と言われています。

スファラディームは、離散したユダヤ人のうち、主としてスペインやポルトガルに居住した人々とその子孫のことです。

八世紀以降イベリア半島をヘブライ語で「スファラッド」と呼び、そこに起源を持つユダヤ人たちをスファラディームと呼ぶようになりました。しかし、一四九二年、スペイン王によるユダヤ人追放令により、多くのユダヤ人が南ヨーロッパや中東や北アフリカなどに移住し、一部はオランダやイギリスにも移ったようです。

一方、アシュケナジムは、離散したユダヤ人のうちでも、ドイツ語圏や東欧諸国などに定住した人々のことです。

私のユダヤ人の友人たちが、厳格なユダヤ教徒、改革志向のユダヤ教徒を問わず、スペインのどこどこにルーツがあるなどということを話題にしているところを見ると、ユダヤ人のあり方についての見解としては、渡部先生のご意見に同意します。

そして、これもまた、渡部先生のおっしゃるとおりですが、ドイツ人である私自身は、ギリシャ神話に自分のルーツを求めるということはありません。

ただし、ドイツの民話と自分とのつながりを感じることはあります。言語的なつながり、食文化など文化的なつながり、自然の感じ方、哲学、思想などのさまざまな要素を通じて、古代と自分とのつながりを感じているのです。

たとえば、おそらくほとんどのドイツ人が『ヘンゼルとグレーテル』の森は自分自身が子どものころ遊んだ森だと無意識に感じています。また『いばら姫』を読むと、子どものときに遊んだことのある城跡や、山歩きのときに立ち寄った城郭を思い描くはずですし、『魔法の食卓』では自分の好物を思い浮かべます。

さらに強くドイツ人としてのルーツを感じるのは、神話かもしれません。『ニーベルンゲンの歌』（34ページ参照）や『トリスタン』に登場する騎士や淑女から、戦いや恋愛の場での男女の典型的な振る舞いとはこうである、と無意識に感じているのです。

とはいえ、それは、ドイツの神話を知っているドイツ人に限られることであり、しかも、「自分の血とつながっている」という感覚ではないと思います。

大陸であるヨーロッパでは、民族の大移動があり、同じ土地でも支配者が次々と変わってきたという歴史をもっています。

したがって、島国である日本とでは、古代の人とのつながりの感じ方に違う面があるのかもしれません。

中国との比較は、先生のおっしゃるとおりでしょうし、また、インド人たちが、ヒンドゥー教の教典であり、古代インドの宗教的・神話的・哲学的叙事詩である『マハーバーラタ』と自分たちのつながりを、どの程度感じているのかを知るのも、日本との比較として興味深いテーマだと感じています。

いずれにしても、やはり、日本の場合は非常に早い時代に、均質的な共同体や社会が成立していましたから、現在と古代との〝つながり感覚〟には独特のものがあると思います。

私は、島根県を訪問することがよくあるのですが、いつもホームステイさせていただいている家のご主人は、島根に伝わる神話をたくさんご存じです。

朝鮮半島から来た人々の話や、出雲と伊勢との戦い、周辺の神社の特徴や歴史など、興味深いお話を伺うと、渡部先生がおっしゃっていることと重なる部分もたくさんあります。

しかし、実際に出雲大社に参拝に来ている若い女性たちまで、出雲に伝わる神話を知っているのかどうかとなると、疑問を感じることもあります。彼女たちのような若い世代は、単に自分の運をよくしたい、病気を治したい、合格させてほしいというような思いでお参りをしているだけで、自分のルーツが神話にあることを意識していないような気がしてならないのです。

日本人は神話から「肉体的」な連続性を感じている ◆渡部

出雲大社へ行くと、そこには、一般の神社とは違う雰囲気がただよっています。たとえば、長屋のような建物が建っていることにお気づきでしょうか。これは、じつは、全国から集まってくる神々がお泊まりになる宿舎です。

出雲大社は、ご存じのように男女の縁結びをしてくれる神社であり、誰と誰の縁を結ぼうかという会議がここで開催されます。つまり、毎年十月になると、その会議に出席するために、全国から神々が集まるのです。

十月のことを「神無月《かんなづき》」と呼ぶのは、神々がみな出雲大社へ集まるために、日本各地では不在になるからです。ちなみに、出雲では逆に十月を「神在月《かみありづき》（神有月）」と呼んでいます。

ですから、若い女性たちが、出雲大社を普通の神社と同等のものと捉えているということはないはずです。結婚は人生の一大事、その縁結びをしてくれる本家なのですから、いやでも尊ぶ気持ちは湧いてくるでしょう。

また、私たちは、子どものころから、因幡《いなば》の白兎のお話や海彦・山彦のお話を知らず知らずのうちに、それこそ身体にしみこむように教えられています。

出雲大社の一角に、可愛らしいウサギの像があるのを見れば、ウサギがそこにいる意味、すなわち、出雲大社の主である大国主神に助けられたウサギであることに気づきます。

また、皇室は、折りあるごとに、伊勢神宮へ詣でられます。フォーマルウェアを身につけられてお参りされる皇族がたを見て、荘厳な気持ちにならない日本国民はいないでしょう。そういう意味でも、安倍晋三首相がサミットの会場として伊勢志摩を選んだことは、神話から続く日本の伝統を知ってもらうために有意義なことだったと私は思っています。

というわけで、出雲大社も伊勢神宮も、日本人にとっては心だけではなく肉体的な連続性を感じ取れる場所なのです。それこそ、迷信とか迷信ではないとかの次元を超えたものと言っていいでしょう。

このことは、もう一冊の歴史書『日本書紀』に触れてみればいっそうはっきりするはずです。『日本書紀』は、養老四年（七二〇）、舎人《とねり》親王らにより編纂された日本最古の正史ですが、各天皇や皇子や皇后について詳しく書かれています。したがって、系図が、きちんとつながっていることがよりはっきりとしているのです。

つまり、日本人にとって、神話とは、自分たちのご先祖様のお話なのです。いわば、血のつながりを感じ取るという意味で、単なる神話ではなくなり、迷信でもなくなるということです。

肉体的なつながりを感じるという意味では、私の家のことをお話しするとわかりやすくなるかもしれません。日本人は、自分のルーツの証として「家紋」をもっていますが、私の家の家紋は、円の中に三ツ星と一文字が描かれています。

これは、十世紀のころ、源氏の大将である源頼光《みなもとのらいこう》の家来だった渡部（渡辺）家の紋章です。渡辺家には、鬼退治で有名な渡辺綱《わたなべのつな》がいます。そのために、渡辺姓の人は、節分の豆まきをしなくてもいいことになっています。

この紋は、私の代になっても続いていて、私は、ネクタイや和服にも、この紋をつけています。私は、この紋によって、なんとなく、渡辺家の祖先と肉体的につながっているという感覚をもつことができています。

さらに言えば、渡辺家の紋をもった人間が仕えていた源氏は、清和天皇の皇子から出ています。ですから、かすかではありますが、天皇家との肉体的なつながりを感じることもあるのです。これは、日本人独特の感覚と言えそうです。

ヨーロッパでは神話の影響力は強くない　◆シュタンツェル

神話の力ということに関しては、日本以外の国であっても、古今東西、あらゆるところに見られるものではないかと、私は思うのです。

たとえば、アメリカは建国数百年という若い国家ですが、建国当時からの歴史は、やはり、アメリカにとってはいわば神話です。
また、ドイツでも、『ニーベルンゲンの歌』などは、ドイツ国民にとって、大変重要な位置を占めています。『ニーベルンゲンの歌』とは、十三世紀ごろの中世に書かれた古代ゲルマンの英雄叙事詩で、英雄ジークフリートの非業の死と、妻クリームヒルトの復讐劇を描いています。

古代におけるドイツの英雄伝説に基づいて書かれたもので、口承伝説や五世紀から十世紀に起きた歴史的な出来事や人物が含まれています。その歴史的意義が認められて、ユネスコの記憶遺産に登録されました。

この叙事詩に登場するジークフリートにしても、王妃の意向でジークフリートを謀殺したハーゲンにしても、文学や政治の場面で引き合いに出されることがよくあります。

あるいは、ギリシャが発行する一ユーロ硬貨の裏には、古代アテナイの女神アテナの使者であるフクロウがかたどってあるように見えます。これも、ギリシャ時代の神話がそこに生き続けているということではないでしょうか。

とはいえ、ヨーロッパにおいては、神話の力を感じることはありますが、その影響力はそれほど強いとは思えません。日本での神話の力の及び方は、やはり、ヨーロッパと違うところがあるのでしょう。

たとえば、日本には、神話の時代から現在の天皇に至るまで、天皇家の系譜がずっと続いているという事実があります。

それは、最初の法王ペトロ（岩の意）の頭に、イエス・キリストが手を載せて、「私は、この岩の上に教会を建てる」と言ったという聖書の場面から教会の伝統が綿綿と続いてきている、ローマカトリック教会に通じるものがあります。

この場面は、マタイの福音書16章17-18節に次のように記述されています。

「そこでイエスは答えて彼に言った、『幸《さいわ》いだあなたは、シモン・バルヨナよ。［そのことを］あなたに啓示したのは肉や血ではなく、天におられる私の父だからである。この私もまた、あなたに言う、あなたこそペトロである。そしてこの岩の上に、私は自分の教会を建てよう。……』」（岩波書店『マルコによる福音書　マタイによる福音書』佐藤研・訳）

このとき、ペトロは法王に任命されたと言われ、以来、カトリック教会では、ペトロを初代のローマ法王と見なしています。イエスから「天の国の鍵」を受け取ったペトロに与えられた権威を、代々のローマ法王が継承したとされているからです。

ただし、私の正直な感想を言わせていただけば、現代の日本社会においても、神話が与える影響力は弱まっているように思えます。

私は、獨協大学で教鞭をとっていて、そこで思想史を講義しています。主としてヨーロッパについて語っているのですが、そこで、ヨーロッパの文化は東方（オリエント）から来たのだという話をします。

たとえば、ヨーロッパの支配者がオリエントの王家の娘を迎えることで、自分を正統化するための助けとした話です。

ギリシャ神話では、最高神ゼウスが雄牛に変身し、中近東のフェニキア王の娘を誘拐し、海をわたってクレタ島に連れ去りました。彼女がのちにクレタ島の女王となるエウロパ（ヨーロッパ）です。この神話は、東（オリエント）文明の伝来、また同文明による支配の正統性を示したものなのです。

　ほかにもギリシャ神話からトロイのアエネアスの話などをします。アエネアスは、近東（今日のトルコ）の都市国家トロイ軍最強の武将の一人で、ギリシャ軍に恐れられたとされる伝説上の人物です。

　トロイが落城したとき、脱出した彼は炎上する町の中を父を背負い、息子の手をひいて逃れます。地中海を彷徨してのち、ローマへ行き、その子孫のロムルスがローマを建国したことになっています。アエネアスを登場させることで、ローマ建国の正統性の源を、近東の由緒ある家系に求めたのです。

　こうした正統化や権威づけの過程や、文化の権威はどこから来るのかなどの話をしてから、私は、日本の権威の元にあるものは何かという質問を学生たちに投げかけます。しかし、非常に優秀な学生たちなのに、「さあ？」と首をかしげるばかりで、全く答えることができないのです。

　やがて、最も優秀な男子学生が、ようやく『古事記』に思い当たり、「『古事記』に何か載っているのかもしれない」とつぶやいていました。

　つまり、『古事記』に書かれていることや、神代から伝わってきているという神話のもつ力が、現代に及ぼす影響は少ないと思えて仕方がないのです。『古事記』に描かれているさまざまなエピソードが、レトリック（表現術）として使われることはあるのでしょうか。

私の率直な印象としては、そこまで『古事記』の中身を知っている人というのは、研究者に限られるのではないかと感じています。

「鉄の檻」からの脱出先としての天皇 ◆シュタンツェル

祈りを宗教的な行為と考えれば、宗教とは、人が困難な状況にあるとき、希望を与えてくれるものだと思います。

それは今も昔も同じなのですが、とりわけ、現代においては、これまでの安定性が多くの場所で揺らいできています。

そうした中で、人々は、神社へのお参りを、希望を与えてくれたり支えになってくれたりするものとして捉えているのではないでしょうか。そうした支えになってくれる存在として、天皇の存在も位置づけられているのではないかと思います。

たとえば、マックス・ウェーバーというドイツの社会学者がいました。彼は、次のように言っています。

「現代のように、理性が支配する合理的な世界においては、すべての問題が、あたかも、理性、そしてテクノクラート（高度の専門的知識をもつ行政官）たちの優れた能力によって解決されているように見える。

しかし、人々は、逆に、そうした論理性や、テクノクラートたちが作った制度を、自分たちの自由を大きく制限する〝鉄の檻〟と感じ、その〝鉄の檻〟から脱出を図ろうとすることがある。

とりわけ、世相が不安定になってくると、その傾向が強くなる」

この二、三年、アメリカやヨーロッパにおいても、ポピュリズムというものが席巻しています。こうしたポピュリズムは、まさに、その「鉄の檻」から人々が逃れようとしている表れなのではないでしょうか。

すなわち、これまでの、理性的に解決方法を見出そうとする仕組みによって拘束されている「鉄の檻」から逃れようとして、非理性的な存在に脱出先を求めようとしているのではないかと思えるのです。

そうした観点から考えると、天皇という存在は、人々の感情的な面に訴える存在であり、これまでの歴史から、非理性的な側面を多分に含んだ存在だと思います。

ですから、テクノクラートが支配してきた理性優位の世界「鉄の檻」から逃れる場合の、脱出先として、天皇は有力な存在になるのではないでしょうか。

渡部昇一
フォルカー・シュタンツェル
対談
2

世界に例のない万世一系の存在

「総本家」として天皇に匹敵するのはローマ法王だけ ◆渡部

先ほど述べたように、この日本という国を作ったのは、天皇家の祖先です。それが物語として存在するだけではなく、事実として残っています。

ですから、日本人は、こうした事実をいわば「錦の御旗」として掲げて生きてきました。

もちろん、この錦の御旗は、政争の具として利用されたこともあります。その代表は、幕末の騒乱です。

幕末、誰もが日本のことを思って、それが最良と思ってやってきたにもかかわらず、考え方の相違が生じました。

結局、倒幕こそが最良と思う派と、徳川幕府を守ろうとする派が争うことになってしまいました。

そのとき、倒幕をしなければ日本の将来はないと考えた一派は、いわゆる「錦の御旗」を掲げて幕府軍に対しました。

当時、というよりは、古今東西、日本から尊王の意識が途絶えたことはありません。ですから、倒幕派が掲げた「錦の御旗」を見て、最も驚いたのは、おそらく、会津藩主の松平容保《まつだいらかたもり》だったでしょう。

なぜならば、火中の栗を拾うように京都守護職の座に就いた容保は、御所を守ることに専心し、孝明天皇の信頼を一身に集めていたからです。それなのに、「錦の御旗」を掲げた倒幕派は官軍になり、容保は朝敵となって賊軍として追われる身になってしまったのです。

つまり、天皇の権威を象徴する「錦の御旗」のもつ力は、それほど大きいということです。ですから、天皇家を尊敬しないなどと言ったら、日本人の支持を集めることはできないのです。

天皇家がそれほど尊敬されるのは、日本国家を作った祖先をもっているからです。わかりやすく言えば、本家のようなものと言っていいでしょう。

私が子どものころには、本家・分家という考え方がありました。本家は、子どもがたくさんいると、それぞれに土地などの財産を分け与えました。それを分家と言います。

しかし、分家に能力のある人間がいると、分家のほうが豊かになり、本家が貧しくなることもあります。それでも、一族の行事があれば、本家の当主は、当たり前のように上座に座ります。

つまり、日本人の感情としては、天皇家は日本人の「総本家」なのです。ですから、総本家を無視するような為政者には、日本人を治める資格がないというのが、日本人のもつ共通認識です。

ここまで長く続いている本家は、皇室以外にはローマ法王しかありません。イギリスの評論家G・K・チェスタートンは、イングランド国教会からカトリックに改宗後、キリスト教的歴史観から批評活動を行った人ですが、ローマ法王二千年の歴史を次のように語っています。

それによると、ローマ法王は絶えてもおかしくなかったことが何度もありました。

その原因は、いろいろな異端勢力、古くはアリウス派とかアタナシオス派などに脅かされたこと、ゲルマン民族の大移動、ルネッサンスの出現、宗教改革などです。さらに、十九世紀の自然科学の発達もありました。これらのどれを取り上げても、カトリック教会がばらばらになってもおかしくなかったのです。

しかし、その歴史を振り返ってみると、途絶えたり、中断したりすることは一度もなく続いてきています。

このことを、チェスタートンは、「馬術に秀でた名馬の騎士が、山あり谷ありの難所を気丈に駆け抜けたような感じがする」と言っています。

もちろん、ローマ法王と日本の天皇とでは違いもたくさんあります。しかし、この続いているという点での共通点には大きな意味があります。

なぜならば、世界中にある大きな組織の中で、二千年以上続いているのは、日本の皇室とローマ法王庁だけだからです。

今の日本人は、天皇を外国の元首と同じように見ている ◈シュタンツェル

以前、渡部先生はご著書『皇室はなぜ尊いのか』で、「アガメムノンからずっと系図が続いてきているような家系が、今、王家・君主として存在しているとしたら、ヨーロッパ人は、この王家をどう見るであろうか」という問いを投げかけていらっしゃいました。

おそらく、日本人にとっての天皇とは大きな違いがあるでしょう。少なくとも、王家と自分との間に、血や肉体的なつながりを感じることはありません。

前に紹介したゼウスやアエネアスといったギリシャ神話の例は、日本を代表する存在としての天皇と、その他の国家や共同体を代表する存在としての君主などとの違いを、如実に表していると思います。

しかし、私の個人的な見解ですが、明治維新以降、天皇のそうした存在のあり方に

変化が生じたのではないでしょうか。

日本が開国したとき、日本側は、今、渡部先生がおっしゃったような、天皇がもつ、外国とは全く違う背景を顧慮しなかったのではないかと思えるのです。

つまり、アメリカやフランスやイギリスやオランダに対して、相手国と同じような、国家としての構造をもっていると示さなければ、日本が同じ土俵には上がれないと考えたのだと思います。

それゆえ、性格も成り立ちも違う天皇という存在を、西欧の王家にあてはめて説明したのではないかと思えるのです。

このように、明治維新から、皇室や天皇の存在意義が変化してきた結果、現代の日本人の多くは、天皇を他国の元首と同様の存在として捉えている面があるように思います。

天皇の退位問題が国民の関心を集め、皇室典範そのものを変えるべきという意見まで出てくるのも、こうした前提に立っているからではないでしょうか。

何回も変わった国体の中でも「万世一系」は変わらなかった◆渡部

たしかに、天皇を他国における元首と同じものと解釈している日本人は増えています。しかし、日本人にとって、天皇のあり方は、明治維新のときだけ抜本的に変化したのではなく、国の政治体制、国体の変化に応じて何度も変わってきています。私が思うに、大きな変化は、十回にわたって起こっています。

1　軍事政権の時代

まず、初代天皇の神武天皇以来、四世紀のころまでの日本は、たくさんの国々に分かれていて、戦争をしていました。ですから、豪族たちを従え、天皇が治めるようになった最初の朝廷・大和朝廷は軍事政権です。

その後、用明天皇が仏教を信仰し、仏教という外来の宗教と神道が並存したことで、平城京に都が移されたころには、国の体質に大きな変化が起こりました。

2　宮廷政治の時代

この世をよりよく治めようと、桓武天皇は、延暦三年（七八四）、京都の長岡京に都を移し、次いで延暦十三年（七九四）、平安京に都を移しました。平安期になりますと、まるで「宮廷政治」になります。最初のころは、天皇の権威維持に成功したのですが、やがて、貴族の力が強くなって、天皇自体は政治に携わらなくなりました。

とくに、藤原氏は有力で、朝廷に娘を送り込んで生まれた皇子の外祖父として力を振るいました。当時、藤原道長は、「この世をばわが世とぞ思ふ望月の欠けたることもなしと思へば」と詠って、栄華を誇ったと言われています。

3　武家政治の時代①

宮廷を守るために雇われていた武家たちが力をつけ、貴族たちを脅かすようになります。武家同士の争いも始まり、勝利を収めた平清盛は、貴族と同じ方法で君臨しました。

しかし、伊豆に流されていた源頼朝が蜂起し、平家を滅亡させると、鎌倉に幕府を開き、本格的に政権を握りました。守護や地頭を使って、徴税権や裁判権までもつようになりました。

西欧であれば、ここで、天皇は倒され、鎌倉幕府という別の王朝ができるところですが、日本ではそういうことは起こりませんでした。

4　武家政治の時代②

源家がその後三代で絶えると、頼朝の妻政子の実家である北条氏が台頭するようになりました。執権として権力をもった北条氏は三代目執権泰時のとき、朝廷と争い(承久の乱)、勝利すると次代の天皇を指名するようになりました。しかし、これだけの力をもっていても、天皇になるのは、その資格のある人のみで、北条氏が天皇になることはありませんでした。

5　南北朝時代

鎌倉幕府末期、後嵯峨《ごさが》天皇が、長子よりも次子をかわいがり、天皇にしたがったことが発端で、朝廷が二つに割れ、幕府の提案により交代で即位することになりました。それが南北朝につながっていきます。

八代のちの後醍醐《ごだいご》天皇は、天皇中心の政治を取り戻そうとし、武家政治を推し進めようという勢力と対立しました。鎌倉幕府に替わって室町幕府を開いた足利尊氏《たかうじ》は、建武の新政を始めた後醍醐天皇を押し込めてしまいます。

後醍醐天皇は、すきを見て脱出し、奈良の吉野に移って、そこに皇居を定めました。その結果、吉野の朝廷南朝と京都の朝廷北朝の二つの朝廷ができてしまいました。

6　戦国時代初期

やがて、両朝廷は合併し、南北朝時代は終わりましたが、足利幕府の跡目争いや力をつけた守護同士の争いである応仁の乱が起きると、足利幕府は急速に衰え、戦国時代に突入しました。

皇室の存在感は薄くなり、多くの人にとって、遠いところにいる宗教の偉い人という認識でしかなくなりました。しかし、天下取りの争いに参加した大名たちには天皇を仰ごうという気持ちがありました。上洛することが、天下を取る一里塚になったのです。

7　戦国時代末期（安土・桃山時代）

天下を統一するかに見えた織田信長が本能寺の変で倒れ、再び始まった天下取り戦争に勝った豊臣秀吉は、低い出自を糊塗《こと》するために、朝廷を利用し、太閤の位を得ます。そして、その立場から諸国の大名を支配し命令するようになりました。天皇家は再び、権威の象徴として脚光を浴びたのです。

8　江戸時代

大坂夏の陣で勝利した徳川家康は、その後、二百五十年にわたる安定政府の礎を作りました。この時代の天皇もまた実権はもちませんでした。しかし、実質的に政権を担った徳川家の身分は、あくまで征夷大将軍でした。いわば天皇の臣下としての立場を守り、天皇は「尊敬されていても実権はない」という位置づけでした。

9　明治時代から第二次世界大戦まで

西欧から、植民地勢力が押し寄せ、内乱状態に陥った結果、明治新政府が生まれました。このとき、明治政府がどうすれば日本人がうまく適応できるかを考えた結果生まれたのが、大日本帝国憲法の条文にある、「万世一系ノ天皇之ヲ統治ス」でした。

10　第二次世界大戦後

太平洋戦争に負けて敗戦国となった日本は、憲法改定を迫られ、押し付けられた憲法で、天皇は「日本国の象徴であり、日本国民統合の象徴」となりました。

このように、日本の歴史を振り返ってみれば、天皇の占める位置は、抜本的に変化してきています。これからも、いつ変化が起きても不思議ではありません。

今後、さらに変化して、独裁的な天皇が生まれるかもしれませんし、あるいは逆に、文化的な役割のみ、任命権ももたない名前だけの位になってしまうかもしれません。そういうことになっても、問題は生じないでしょう。

重要なことは、変化しないことではなく、「万世一系」、男系の男子がこれだけ続いているという一点のみだからです。

頻発した帝国滅亡に対して、滅しない日本の特殊性 ◆渡部

先ほどシュタンツェル氏は、日本の若者は神話への関心が薄れているのではないかという指摘をなさいました。しかし、私は現在八十六歳で、戦前のこともよく知っていますが、むしろ、今の若い人たちのほうが、神社に対する関心は強いと感じています。

パワースポットなど、言い方は変化していますが、個々の神社に対する知識はとても豊かです。日本には、出雲大社や伊勢神宮以外にも、広大な神社が多く、樹木に覆われていますから、自然からのパワーも大きいのでしょう。

私の場合で言えば、我が家の近くには大きな八幡神宮がありますので、子どもや孫の七五三にはお参りしましたし、初詣にも行きます。

私自身はカトリックですが、渡辺綱の子孫という建前がありますから、先祖が関係しているということで、両立が可能なのです。

私だけではなく、生まれ育った土地や現在住んでいる地域に、鎮守の森があり、そこへことあるごとにお参りする習慣を、ほとんどの日本人はもっています。

前にもお話ししたように、神社と肉体的な関係を感じるという日本人の特殊性ゆえでしょう。神社にお参りしないと、何かやり残したような気持ちになってしまうのです。

それに比べて大陸ではどうでしょう。たとえば、日本が最初に関係をもった大陸は、聖徳太子のときの隋です。しかし、隋は滅び唐という国家ができました。日本は、唐にも遣唐使を派遣しましたが、唐もやがて滅びました。

その後もいろいろな王朝が生まれては滅びを繰り返しました。その代表的な国家は、蒙古民族による元であり、満州民族による清です。これらは、長い政権を誇りましたが、結局は滅びました。

しかし、日本は、極東に位置する小さな島国ですが、滅びたことは一度もなく、今に至るまで続いてきました。第二次世界大戦では敗戦国になりましたが、他民族に取って代わられることもなく年号も変わりませんでした。

昭和天皇は、その立場こそ変化しましたが、戦前も戦中も戦後も昭和天皇なのです。これから五百年後に、この歴史的事実を見れば、日本の皇室の連続性が非常にわかりやすく理解されるでしょう。

私は、このことで、日本は他国に比べて尊い国だと言っているわけではありません。どこの国も、その国特有のものをもっているように、日本は神話と肉体的なつながりを感じるという特殊性をもっている、そういう国だということなのです。

八百万石の将軍が三万石の朝廷になぜ神経を使うのか ◆渡部

前に述べたように、日本の歴史を振り返ってみると、天皇が実質的に政治を担っていたのは、初期の大和朝廷のときや後醍醐天皇が親政を行おうとした三年間など、わずかな期間だけです。

しかし、たとえば藤原氏は、天皇に娘を妃として送り出すことに熱心に取り組みました。それは、生まれた皇子の外祖父になるためです。天皇の名前ですべての官位が出されるからです。

端的に言えば、権力闘争は天皇とは関係なく行われ、最終的に権力をもった人間が、それを正当化し、権威づけるために、天皇の名前を利用したことになります。

天皇になるための争いが繰り広げられたのも、この権威が、非常に大きな力をもっていたからでしょう。たとえば、保元の乱は、天皇になるための戦いでした。

保元元年（一一五六）、皇位継承問題で、後白河天皇と崇徳上皇の争いに源氏と平家の武力が加担した政変でした。

この戦いは、源義朝や平清盛らの活躍で後白河天皇が勝ち、崇徳上皇は讃岐に流され、上皇方についた義朝の父と弟は斬首や島流しにされました。この保元の乱は、武士が台頭していくきっかけになり、次の平治の乱が勃発することになりました。

平治の乱は、平治元年（一一五九）、新たな対立から起こりました。後白河天皇から二条天皇に皇位が譲られると、臣下の藤原信西《しんぜい》と藤原信頼《のぶより》が対立します。保元の乱での恩賞に不満をもった義朝は、信頼と組んで、信西方の平家と対立、武家同士の争いが始まったのです。勝利したのは平家でした。平清盛は、参議正三位に列せられます。ここでも天皇の権威が発揮されたのです。

たしかに戦国時代は、天皇の存在はほとんど忘れられていました。それでも、国民は天皇を粗略にしたのではなく、「遠いところの偉い人」という認識はかすかではあってももち続けていたと思います。だからこそ、伊勢神宮に祀られ続けてきたのです。

時代が下って徳川幕府ですが、徳川幕府は五代将軍綱吉の時代には、八百万石の大名になったと言われています。その一方で朝廷はわずか三万石ほどです。

それでも、徳川幕府は、天皇家に対して、権威としては自分よりも上であることを認めざるを得ませんでした。徳川家に征夷大将軍という称号を与えるのは皇室だからです。

したがって、朝廷の勅使が来るということになると、徳川方は、緊張してこれを出迎えました。吉良家が「高家《こうけ》」とされたのは、この供応役を仕切る家柄だったからです。

のちの赤穂浪士討ち入りの原因になった松の廊下の刃傷沙汰が起こったのは、供応役の一人に選ばれた浅野《あさの》内匠頭《たくみのかみ》の乱心が原因ですが、やはり、この重責へのストレスが原因だったのではないでしょうか。

これもまた、天皇家を敬わないような人間は、日本を治める資格はないという無言のコンセンサスなのです。

渡部昇一
フォルカー・シュタンツェル
対談
3

天皇の力は俗世の権力とは別次元

天皇の歴史は、実権を失う歴史だった　◈シュタンツェル

私はドイツ人として見ていて、先生は日本人の視点からご覧になっているにもかかわらず、多くの部分について似通った見方をしていることは、とても興味深いところです。

しかし、先生は研究者としてのお立場から見ているのに対して、私は、政治の実務家であった立場から見ているので、背景が違っているためでしょう、少し違う見方をしているところもあることはたしかです。

歴史が動くにあたって、やはり、政治の力の大きさを無視することはできません。さらに言えば、政治を動かす原動力は、権力と性愛だと私は思っています。

そういう目で日本の歴史を見てみると、まず、日本のあけぼのの時期において、天皇家の家系は非常に激しい権力闘争の中で、他の家系に打ち勝ち、その結果、権力者として最も強い地位に就いたのだと思うのです。

そして、神に近い存在として崇められるようになるにつれて、天皇家の歴史は、逆に、どんどん実権を失っていく方向へと動いてきたのではないでしょうか。すなわち、天皇家という存在は、そのまま生き残り温存されながらも、実際の権力闘争は、天皇を含んだ形では起きなくなりました。

実際の権力闘争は、天皇家による正統化、権力へのお墨つきをめぐって起きるようになり、それが日本の政治の歴史として続いてきたのではないかと思うのです。

先生が宮廷政治とおっしゃった平安時代においては、政治の権力争いは藤原氏ら貴族に任されました。天皇は、ますます、精神的・神的、あるいは文化的な存在となって存続していきました。

その後、武家に政権が移るようになってからも、権力をめぐる闘争は、天皇家から離れたところで続くようになりました。しかも、これこそが、天皇家がこれだけ長く続いてきた理由でしょう。

明治維新にしても、尊王が叫ばれ、表面的にはそれまでと比べれば、天皇に実権を戻すという形にはなりました。しかし、最終的には、天皇を尊ぶと言いながら、明治政権を正当化する手段として、天皇の存在を利用するために持ち出したのだと思います。

天皇誕生からの、二千年以上にわたる歴史の流れは、天皇家が実権を失っていった流れであり、その流れは、大正から昭和に至るまで続いてきています。その流れの中で、一つだけ違うのが、戦後の天皇です。戦後、天皇は、国際的に国家元首と見なされる存在になったと、私は思っているのです。

つまり、一九四五年以降の天皇のあり方は、他国の元首に近い存在になったのです。そして、興味深いことは、権力をどんどん失っていくという流れの中で、昭和天皇が、ポツダム宣言を受け入れる決断をされたということです。

実権を失っていく歴史の流れの中で、天皇が自らの意思で決断されたという事実は、この流れとは違う局面ではなかったかと思います。

しかし全体としては力を失う方向にあり、象徴としてのみの天皇となった今のあり方は、まさに他国の元首に近い存在になっているのではないでしょうか。

いくら強力な権力者でも、天皇にはなれない理由がある◆渡部

政治的な視点からすれば、シュタンツェル氏のような見方は可能でしょう。しかし、日本には、権力闘争の勝者が王や皇帝になるという歴史をもっている国からは、とても理解できないことがあります。

たとえば、「なぜ、権力者・藤原氏は天皇にならなかったのか」という質問をして、答えられる外国人研究者はほとんどいないでしょう。

日本人にとって、その答えは、極めて単純明快です。彼らはならなかったのではなく、なれなかったから、天皇の地位に就かなかったのです。

なぜなれなかったのか、神話をひもといてみましょう。たとえば、次のようなお話があります。

「天照大神が、弟の須佐之男命《すさのおのみこと》のあまりにひどいいたずらに手を焼いて天《あま》の岩戸にお隠れになってしまい、真っ暗闇になったことがありました。困った神々は、岩戸から

出てきてもらうために、あれこれの策を講じます。

そして、天鈿女命《あまのうずめのみこと》の踊りの賑やかさに興味をもった天照大神は、天児屋命《あめのこやねのみこと》の祝詞《のりと》を聞いて岩戸を開けます。それを天手力男命《あめのたぢからおのみこと》が勢いよく引き開けて天照大神はお出ましになり、再び明るくなりました」

そののち、天照大神は、この国を治めるために、瓊瓊杵尊《ににぎのみこと》を遣わします。これを天孫降臨と言いますが、そのとき、天児屋命は、瓊瓊杵尊に従って日本にやってきています。

この神話が、日本社会の秩序を保っています。じつは、平安時代を牛耳った藤原氏は、天児屋命の子孫です。皇室の祖である神に仕えた彼は、中臣《なかとみ》氏を名乗り、新たに姓を賜って藤原氏となったのです。

天の岩戸騒動のときの貢献者であるために、有力な貴族としての地位には就きました。とくに前出の藤原道長は、一条天皇に長女の彰子《あきこ》を入内《じゆだい》させ、次の三条天皇には次女の妍子《きよこ》を入れています。

そして、三条天皇と対立すると、天皇が眼病を患っていることを理由に退位に追い込み、彰子の産んだ後一条天皇の即位を実現して摂政になりました。さらに、後一条天皇にはまたしても娘の威子《たけこ》を入れて中宮としました。その上、娘の嬉子《よしこ》をのちの後朱雀天皇となる敦良《あつなが》親王に入内させました。

このように、天皇をその地位から追い払うほどの権勢を誇りましたが、神の家来だったので、神から続く系統にある天皇には絶対になれません。こんなに面倒なことをしなくても自分が天皇になってしまえばよさそうなものですが、神代の時代に作られた秩序をくつがえすことはできないのです。

藤原道長がとった手段は、じつは、先祖の藤原不比等《ふひと》を見習ったものです。不比等は、大化の改新で功績があった藤原鎌足の息子ですが、娘の宮子《みやこ》を文武天皇に嫁がせています。

そして、その子どもの聖武天皇に娘の光明子《こうみょうし》を嫁がせています。のちに光明皇后となった彼女は、施薬院や悲田院を作るなど、福祉事業に熱心に取り組んだことで有名です。

武力で国を征服しても系図を変えることはできない◆渡部

先ほど、藤原氏は、神話の時代に功績を残した天児屋命の子孫で、天皇の臣下の立場にあるから天皇にはなれないというお話をしました。それでは、その後、鎌倉幕府を立てた源頼朝は、なぜ天皇にならなかったのでしょうか。あるいはなれなかったのでしょうか。

頼朝は、平治の乱で敗れた源義朝の子どもだったために、本来ならば殺されるところを、平清盛の義母池禅尼《いけのぜんに》の口添えで命を助けられ、伊豆に流されました。しかし、そこで結婚した政子の父北条時政の後ろ盾を得て、平家との戦いを決意します。

平家に勝った頼朝は、平家を滅ぼしただけではなく、平家追い落としに功績のあった義経ともども、奥州藤原氏も滅ぼしました。そして、九州から東北まで、御家人を配置して統治しました。

鹿児島の島津家も、中国地方の毛利家も、もともとは、これら御家人の家柄でした。

こうして、頼朝は、武力で日本全国を征服した最初の人間になりました。しかし、外国であれば、征服した人間が王位に就くところなのに、頼朝は天皇にはなりませんでした。

その理由は、やはり、天皇家につながる系図にあります。俗に「清和源氏」と呼ばれるように、源家は、清和天皇から出ています。清和天皇の曽孫に多田満仲という人がいます。そこから、摂津源氏と河内源氏に分かれました。

摂津源氏は、大江山の鬼退治で有名な源頼光から、鵺《ぬえ》退治で知られる源三位頼政へとつながっていて、頼朝は、八幡太郎義家からつながる河内源氏の流れに属しています。

つまり、頼朝が武力で国を征服しても、本家である清和天皇の流れを断ち切ることはできないのです。分家には分家の本分があるからです。本家は一つですが、分家はたくさんありますから、同等の身分の他の分家を出し抜くことも許されないことです。

ですから、頼朝は、朝廷に断ることなく、朝廷とは違う場所に政府を作り、守護・地頭という統治の仕組みを作りましたが、皇室への口出しは一切しませんでした。本家を本家として尊敬していたからです。

ただし、一つだけ家来に申し渡したことがあります。それは、いくら皇室の意向だったとしても、自分に断りなく朝廷から官位を授かってはいけないということでした。その意向にしたがって、たとえば大江広元《おおえのひろもと》は、受けた官位を返上しています。

しかし、弟の義経は、壇ノ浦で手柄を立てたことで慢心したか、この言いつけに背いて検非違使《けびいし》という守護職に就き、従五位下という位を授かり、伊予守《いよのかみ》に任じられたりしました。

頼朝が、義経追討を命じ、藤原氏のもとへ逃げ込んだ義経を成敗したのは、こういう理由からです。

義経は、その悲劇性から、世の同情を集め、九郎判官義経の名をとって「判官びいき」という言葉が生まれ、頼朝はすっかり悪役になってしまいました。義経の悲劇は、いろいろな芝居にもなっていますが、頼朝にしてみれば、全国を統治するためのやむを得ない処置だったのでしょう。

話が少し横道にそれてしまいましたが、つまり、ここまで権力を行使し、武力で国を征服したとしても、系図を変えて皇室の存在を無視することは許されないということなのです。

このことは、戦国時代を経て、天下統一を一応果たした豊臣秀吉も同様です。とくに、秀吉の場合は、満足な系図をもたず、自分の権威が足りないことをよく知っていました。だからこそ、天皇の権威を後ろ盾にしようとしたのでしょう。

徳川政権もまた、天皇になることなど全く考えもしませんでした。皇室と公家を取り締まるために、「禁中並《きんちゅうならびに》公家諸法度《くげしょはっと》」を作ったり、二代将軍秀忠の娘を後水尾天皇に嫁がせて、生まれた女子を明正天皇に即位させたりしましたが、それ以上のことはできなかったのです。

実権をもたない天皇になど、なっても仕方がないか ◆シュタンツェル

渡部先生のお話を伺っていると、日本対外国という視点でお話をされているような気がすることがあります。私が思うに、やはり、各国、各民族、あるいは共同体はみ

な、それぞれ違っていて固有の文化をもっています。

だからこそ、お互いの違いを理解するために、人類学のような学問があるのではないでしょうか。人類学者たちは、理解しがたい他の文化や歴史を理解するために、共通の認識をそこに見出そうとしています。

たとえば、藤原氏がなぜ天皇にならなかったのかという問題に対しても、答えをなるべく単純化することで、共通性を見出せるのではないかと思います。

藤原氏はなぜ天皇にならなかったのか、その答えを単純に考えてみると、藤原氏は天皇になる必要がなく、なっても仕方がないと思ったのではないかと思えてきます。

なぜならば、天皇が、藤原氏に実権をすべて譲って、自分は放棄してしまおうと思ったのであれば、藤原氏は、権威以外のすべての実権を握ることになるからです。

ですから、わざわざ天皇の座を争ってまで、権力とは無関係の天皇になることに何の意味もありません。実権を手に入れた以上、これ以上の争いはやめようと、藤原氏が考えたのは、極めて自然なことと、私には思えて仕方がないのです。

現代においても、日本国民の中で天皇になりたいと思う人が何人いるでしょうか。

私はほとんどいないと思っています。

たとえば、今上天皇が皇太子時代、美智子様に、最も大切なことは公務であり、何があっても私生活よりも公務を優先するとおっしゃったと聞いたことがあります。美智子様は、そのお覚悟を聞いて、皇室へ嫁ぐ決意をされたとも聞いております。

何よりも務めを大事にされる皇太子の言葉に惹かれ、手助けをされたいと思われたのではないでしょうか。

天皇の座とは、昔も今も、何の権限ももつことのない座であり、その一方で、ご苦労の多いお立場なのではないかと拝察すると、天皇になりたい人はめったにいるものではありません。

政治的手段として利用されてきた天皇 ◆シュタンツェル

昔、仁徳天皇は、高台にのぼって見渡したとき、家々から炊事の煙があがっていないことから貧しい生活をしていることに気づき、年貢を免除したことがあったそうです。そのために、天皇の着物も履物も破れ、宮殿は荒れ果ててしまいました。

これは、天皇という存在が、豊かさとは無関係のところにあるという一つの証でしょう。天皇家は決して豊かではなく、むしろ貧しかったという例は、江戸時代にもあります。

とくに、江戸時代末期、宮廷の人々は、自らの窮乏生活を補うために、書や音楽を教えたりして生活をしのいでいたと聞いています。

そうした状況にもかかわらず、疫病が流行《はや》ったり、天災が続いたりすると、人々は、天皇家に救いを求め、祈りを捧げたそうです。天皇の存在価値は、このように祭祀的な役割にありました。

渡部先生のお話を伺っていると、天皇は、権力闘争の手段としての存在だったように思われます。そして、権力者たちが求めたものには天皇の祭祀的な役割も含まれているのではないかと思います。

南北朝の争いは、たしかに、天皇の座を争う戦いでした。しかし、それぞれの天皇有資格者の背景には、さまざまな権力争いをしようという人々がいて、彼らは、党派をなして戦いました。

つまり、権力を行使する手段として、祭祀を司る役割も含めた有資格者が利用されてきたという見方はできないでしょうか。

江戸時代末期に実行された公武合体策と呼ばれる「皇女和宮《かずのみや》の降嫁」もまた、幕府が、幕府を権威づけるために、朝廷を利用したのでしょう。

権力者、あるいは野心的な政治家や軍人は、権力を得るために、もてる手段があれば、そのすべてを使おうとするものです。

ですから、多くの人々が祈りの対象にしている天皇の影響力やその効果を利用しないということはあり得ないのです。野心的であればあるほど、この傾向は強くなります。

同じような例はヨーロッパにもあります。たとえば、一三〇三年、フランス王フィリップ四世の側近が、ローマ法王を拉致した事件です。

ローマ法王ボニファティウス八世を拉致したのは、フランスの強硬な反教皇派で大学教授のギヨーム・ド・ノガレです。彼は、ローマ郊外のアナーニに滞在していた教皇を捕らえ、退位を迫りました。

教皇が頑固に拒否しているうちに、ローマから援軍が到着し、三日後に助け出されましたが、教皇はその一か月後に死亡しました。持病の結石が原因ですが、錯乱状態になっていたので、アナーニでの体験にショックを受けたことも一因だったようです。

フィリップ四世自身は、教皇の拉致事件を事前には知らされていなかったとも言われていますが、結果として、フィリップ四世はローマ教皇との争いに勝ち、教皇の権力を衰退させたのです。この事件を、「アナーニ事件」と言います。

アナーニ事件後、教皇になったのは、ベネデクトゥス十一世（在位一年）、ついでフランス人でボルドー司教だったクレメンス五世でした。二人ともフランス王に全面的に譲歩して争いを鎮静化させました。

一三〇九年、クレメンス五世は、政情不安定な教皇領を避け、南フランスのアヴィニョンに教皇庁を移させました。教皇庁とフランス王権との関係を改善しようとの考えでしたが、それ以後の約七十年間、ローマ教皇はローマではなく、アヴィニョンに居ることになりました。このことを、旧約聖書に出てくるヘブライ人のバビロン捕囚になぞらえて、「教皇のバビロン捕囚」と言っています。

この一連の出来事は、ローマ教皇の権力を大きく奪い、フランス王の権力を大きくすることになったのです。

フランス王はローマ教皇の宗教的影響力を政治に利用しました。たとえば、テンプル騎士団の壊滅を画策した際は、教皇クレメンス五世に圧力を加え、テンプル騎士団は異端であるというキャンペーンに協力させます。そのため教皇は「テンプル騎士団は異端ではない」という判断をあえて公表しませんでした。

こうしてテンプル騎士団はフランス王の扇動により激しい追及にあい、一三一二年に教皇によって解体されたのでした。現在のカトリック教会は、テンプル騎士団への異端の疑いは冤罪であったとしています。

渡部昇一
フォルカー・シュタンツェル
対談
4

歴史の転換点で果たされる天皇の役割

いました。

日本は「復古と変革」のパラドックスを統合できた◆渡部

シュタンツェル氏は、「鉄の檻」からの脱出先として天皇の存在があるとおっしゃいました。

私が思うに、鉄の檻から逃げるという行為には、ナショナリズムに帰るという一面があります。

たとえば、ＥＵです。ＥＵという形で統合を目指したＥＵ諸国に典型的に現れたのは、近代合理主義とグローバリズムでした。それを「鉄の檻」と感じたイギリスは、その檻から逃れるために、ＥＵ離脱（Brexit《ブレキジット》・Britain+Exit）をしました。

このイギリスによるＥＵ離脱やトランプ旋風は、極めて単純で素朴なナショナリスティックの要素が一面としてあると思います。日本の場合も、明治維新をかき回した合理主義のことを鉄の檻とするならば、そこから逃れるために、ナショナリズムとしての天皇の存在が大きかったのかもしれません。

しかし、同時に忘れてはいけないことは、合理主義が世界を席巻した十九世紀、強い国が弱い国を支配する植民地時代に、世界に伍した近代的で合理的な国家にすることを迫られた日本国の中心は、やはり天皇だったということです。日本がまとまるために、天皇はなくてはならない存在でした。

たしかに、神代の昔から続く天皇を政治の中心に据えることは、復古運動と言えるものです。と同時に、形だけに追いやられていた天皇を政治の中心に据えることは、変革であり近代化することでもありました。

すなわち、天皇が、国家の中心に座っていることは、この「復古と変革」のパラドックスを統合させる手段として最適だったということになります。

このパラドックスが、天皇という形で統合することができたからこそ、日本は、ばらばらにならずに近代国家に入っていくことができたのです。

もちろん、ばらばらにならずに近代国家になった国はほかにもあります。しかし、大抵の国は、たとえば共産国家になるとか、植民地になるなどのプロセスを踏まなければなりませんでした。

ところが、日本は、そうしたプロセスを踏むことなく、復古主義を失うこともなく、スムースに近代国家を作り上げました。これは、私の知る限り、日本以外の国ではタイだけなのです。

イランのパーレビ王朝は、明治天皇を尊敬し、イランを近代国家にしようとしましたが、焦って事を急ぎすぎたのでしょうか、失敗し、イラン革命で失脚してしまいました。復古と変革のパラドックスを統合することができなかったのでしょう。

俗世離れした天皇やタイ国王が大変革に果たす役割 ◆シュタンツェル

渡部先生が言及されたタイという国は、東南アジアで植民地化を免れた数少ない国家です。日本よりもずっと早く植民地主義の脅威にさらされたタイは、なぜ、植民地化を逃れることができたのでしょうか。

タイは、地政学的に、イギリスの植民地になった北西側のビルマ（今のミャンマー）と南側のマラヤ、そしてフランスの植民地になった東南側にあるインドシナの間に位置しています。

ですから、タイは、イギリスとフランスと巧みな交渉をして、緩衝地帯としての存在価値を認めさせたのです。

日本でも、大陸に近い九州地区の薩摩藩は、長崎のオランダ人や中国人などを通じて、タイの成功や、清国（今の中国）がイギリスに敗れたアヘン戦争などの情報を詳細に仕入れていました。幕府にしても、全面的に鎖国をしていたわけではないので、情報ははいってきていたでしょう。

ですから、中国がなぜ、大陸国家であるにもかかわらず蹂躙《じゅうりん》されたのか、タイがどういう方法で植民地化を免れたのかをよく知っていました。

幕府が列強との交渉をするにあたって、それらの知識は大いに役立ったでしょうし、のちに明治政府が携わった列強との交渉においてもその影響が現れています。おそらく、タイの成功例を参考にしたのでしょう。

そして、両国の共通点は、現実世界から別のところにあるような王家もしくは皇室があったことです。

歴史的には、無論、日本のほうが長さを誇っていますが、新時代に起こさなければならない改革や近代化の過程において、両国の王室や皇室は、人々が受け入れやすい形で、改革や近代化を正当化してくれるものだったのではないでしょうか。

そうでなければ、あのような激しい変革を成し遂げることはできなかったでしょう。現に、日本では、士族と呼ばれる元武士たちが各地で反乱を起こしました。それだけ、人々にとって、激しく、大変なことで、受け入れがたいところが多かったのでしょう。

太平洋戦争後、日本に訪れた変化も、そういう面があったのでしょうか。マッカーサーは、日本が、占領による変化を受け入れやすくするために、天皇を利用したのではないか、だからこそ天皇を東京裁判にかけなかったのではないかという見方は、依然くすぶっているような気がします。

すなわち、一八六八年前後の明治維新と同じように、変化を正当化するために、天皇を利用したということです。

しかし、興味深いことは、この正当化の働きについて、実際にはアメリカがすぐに取って代わることになったので、天皇を利用する必要はなかったという主張があることです。アメリカ人が戦後改革の正当性を高めるために天皇を利用したかったことは言うまでもないですが、結局のところ天皇の役割は明治維新のころと比較すると、極めて弱かったのだと思います。

そういう意味で、戦後、天皇を利用するメリットは少なくなっているのかもしれません。天皇の役割は弱まっているのではないでしょうか。

終戦時の天皇が「神」でなくなったことの本当の意味 ◆渡部

日本は、昭和二十年（一九四五）、ポツダム宣言を受諾し、アメリカに占領されることになりました。戦勝国の常として、アメリカは、日本を直接統治しようとしました。ですから、お金も公用語もアメリカのものが採用される恐れもあったのです。

そうなっていたら、スペインに占領されたインカ帝国のように、言葉も建築物も通貨も変わり、私たちは日本という国家そのものを失うことになったでしょう。

それを抑えたのは、当時の外務大臣重光葵《しげみつまもる》でした。重光葵は、戦前、外交官として各国大使・公使を歴任し、戦争には反対し続けました。それが難しいとなったとき、そのころ東条内閣の外務大臣であった重光は大東亜会議を開催し、「今回の戦争は、白人帝国主義からアジアを解放する戦争である」というスローガンを掲げることで、侵略戦争ではない証にしました。

今も、中国と韓国以外の国が、「独立を勝ち得たのは、あの戦争のお陰」としているのは、この宣言があったからです。

重光は、戦後の東久邇《ひがしくに》内閣で外務大臣に再任されると、日本政府の全権として降伏文書に署名しました。そのとき詠った歌は「願くは 御國の末の 栄え行き 我が名さけすむ 人の多きを」でした。

重光は、その後、アメリカが反対したにもかかわらず、ソ連（当時）の横槍で戦犯に指名され、禁錮七年の判決を受けましたが、巣鴨プリズンの憲兵でさえ、無罪を信じていたそうです。その後、四年七か月で釈放され、国政に返り咲いています。

重光の努力で間接統治されたために、大部分の国民は、アメリカに統治されているという感覚をもたなかったので、昭和天皇のご発言も、そのまま受け止める人が多かったようです。

しかし、昭和天皇が最も使命とされていたことは、皇室を守ることでした。そのためには、どんな妥協もなさったと思います。

ですから、ポツダム宣言で約束した「日本の天皇は、連合軍の総合司令官に隷属する（subject to）」を守ろうとされました。したがって、あの当時の公式発言は、アメリカの統治者の発言と見るべきでしょう。

たとえば、昭和天皇の「人間宣言」は、外国人にはわからない感覚だと思います。「私は神ではない」とおっしゃったのは、半分本当です。国民は天皇を「かみ」と呼んではいますが、それは決して、欧米の「神（God）」ではなく、「上（かみ）」なのです。

これは、「上の人」という単純で原始的な観念です。料亭の奥さんを「女将《おかみ》」、渡部家の渡辺綱のような一族の一番上の人を「氏神」、武蔵の国で一番偉い人を「武蔵守《むさしのかみ》」、厩《うまや》の一番偉い人を「右馬頭《うまのかみ》」「左馬頭《さまのかみ》」、左大臣を「一《いち》の上《かみ》」など例を挙げればたくさんあります。

同じ伝で言えば、天皇陛下は「御上《おかみ》」です。字こそ違え、料亭の「女将」と同じなのです。

さらに言えば、「御上」よりも上にいるのは、死者です。つまり、日本という島国に生まれ暮らしてきた人々は、自分たちの暮らしの中で、偉い立場にいる人々を、便宜上「上の人（おかみ）」と呼んできただけの話なのです。

「おかみ」の概念が混乱したのは、明治時代のプロテスタントが、聖書の「God」を、「神」と訳したからでしょう。

新憲法の前文に、「平和を愛する諸国民の公正と信義に信頼して、われらの安全と生存を保持しようと決意した」とあるのも、天皇陛下が納得されたとは思えません。

なぜならば、自分の国の国民の安全（security）と生存（existence）を、他国に任せるということは、どう考えてもおかしな話だからです。おそらく、この前文は、実際の統治者である占領国アメリカの指示で書かれたものだったのでしょう。

それから「国民の総意によって新日本建設の礎が定まったことをよろこぶ」とお書きになっていらっしゃいますが、当時、憲法に対する議論などは許されなかったと天皇はよくご存じでしたし、国民もみんな知っていました。ですから、あれはうそであったとはっきり指摘しておきたいと思います。

天皇に迷惑を掛けないように行動を自粛した戦後の日本人◆渡部

今、シュタンツェル氏から、戦後、天皇を正当化することがどれだけ重要だったのかというご質問を受けました。

たしかに、日本国憲法が制定されて、天皇陛下の身分は大きく変化しましたが、天皇の存在そのものは否定されませんでした。それは、変化はさせても、天皇陛下という存在を残した占領軍が、日本国民のことをよく理解していたからでしょう。

たとえば、シュタンツェル氏のご質問のように、あのとき、天皇陛下が、東京裁判の場に戦犯としてお立ちになったとします。

そして、死刑判決を受けたり、あるいは、そこまではしなくても、廃位されて平民になるなどという採決が下されていたりしたらどうだったでしょうか。

おそらく、日本国民を治めることは、困難を極めたと思います。

というのは、当時の世界状況を見ると、天皇がいらっしゃらなくても戦争が始まった可能性はありますが、天皇がいらっしゃらなければ、あのように整然と敗戦を迎えることはできなかったであろうと思われるからです。

たとえば、敗戦当時、私は山形県の田舎にいまして、その町で普通に暮らす人たちの考え方に触れました。

その中には、戦前の思想を引きずり、かなり右翼的な人もいましたが、進駐軍のアメリカ兵を侮辱したり、危害を加えたりしてはいけないということではみな一致していました。

アメリカ兵にテロを仕掛けたら、天皇陛下のご迷惑になるという意識を、みなが強くもっていたからです。ですから、日本に駐留していたアメリカ兵は、アメリカにいるよりも、ずっと、安全な生活をしていたのではないでしょうか。

そのことは、私自身の体験をお話しすると、よくわかっていただけると思います。

当時、高校生だった私は、英語で会話をする機会をもとうとして英語クラブを作っていました。

地方都市なので、進駐軍が来ることはあまりありませんでしたが、来るときは、いつも鶴岡ホテルに泊まっていました。そこで、英語クラブのメンバー、五人か六人ぐらいでホテルへ遊びに行き、英語会話の練習をさせてもらったのです。

彼らは、とても愛想がよくて、いつも気持ちよく、私たちと付き合ってくれました。そして、一時間ぐらい経つと、外に遊びに行きたくなった彼らは、私たちにプレイングカード（トランプ）をくれて、それで遊んで行けと言ってくれました。

そのとき、一つだけ、「これに触ってはいけないよ」と言い置いて行くのですが、その「これ」は、なんとピストルなのです。彼らは、ピストルを平気で置きっぱなしにして外出してしまったわけです。

ピストルを置いて行っても、私たちが何もしないことをよく知っていたのでしょう。絶対に安全だと思ったにちがいありません。これは、日本人を信用していた何よりの証拠です。

その信用は、どこから来たのでしょう。天皇陛下の存在以外には考えられないのです。つまり、アメリカ兵を傷つけると天皇陛下の迷惑になるということが、誰に言われていたわけではないけれど、国民の総意だったということです。

憲法は成立事情より、その後の運用次第ではないのか ◈シュタンツェル

以前から、日本では憲法論議が盛んに行われていますし、自民党の党是には憲法改定が明文化されているとも聞いています。改定すべきという議論の中には、現憲法はアメリカ占領軍司令部に押し付けられて作ったものだという主張があります。

たしかに、憲法は国民の意志が反映されるべきものです。したがって、日本国憲法も、「日本国民は、正当に選挙された国会における代表者を通じて行動し、われらとわれらの子孫のために……」と、国民の意思を宣言するという体裁を採っています。

しかし、私は、「実際は、国民の意思など反映されていなかったのだから、変える

べきだ」という議論は如何なものかと思います。

憲法というのは、アメリカの憲法を見てもわかるように、その成立過程は、決して、真の意味での民主的なプロセスを経て成立しているわけではありません。アメリカに限らず、多くの国で、そうしたプロセスは経ていません。

実際に権力を得た人間が、非常に賢明な判断によって、自分たちの考えやそれに基づいて作ったルールを、国民全体に浸透させるために、憲法を作ったのです。

そして、憲法を作る過程や実際に公布する過程は、プロセスとして文句のつけようのないものではなく、非民主的な部分も多々あるものなのです。

そういう意味では、明治政府が作った憲法も、太平洋戦争後作られた新憲法も同じであって、どちらも、本来そうあるべきとされた成立過程を経ていません。

私は、実際に、ドイツ憲法や日本の憲法について、誰の影響があったのか、どういう思惑が働いたのかなど、分析したことがあります。

どちらも、成立過程においては完璧ではありませんでした。おそらく、フランス憲法も同じですし、成文法の憲法をもたないイギリスも同様でしょう。

ですから、憲法は、その成立過程を問題視する必要はないと思います。大事なことは、実際に憲法ができたあとで、その憲法が運用されていく中で、人々が受け入れていくかどうかということです。

そして、憲法を、自分たちの生活の中できちんと運用していくことです。自分たちの権利や自由を守るために、適用していくというその過程を通じて、憲法は正当化され、定着するのだと思うのです。

たとえ、その成立過程の手続きが、完璧ではなかったとしても、人々の生活の中で起きるさまざまな問題解決に資する働きをしているのであれば、その憲法に正当性を認めてもいいのではないでしょうか。

体質（憲法）は変わることはあっても体（皇室）は断絶しない ◆渡部

私も、憲法の成立過程については、あまり問題視する必要はないと思っています。大事なことは、憲法が、人々の生活と密接な関係があり、憲法を運用することで、人人が幸せになることでしょう。

戦後、七十年もの間、この憲法が運用されてきたのは、簡単に言えば、アメリカによる間接統治が成功したというだけのことです。そういう意味で言えば、武家が統治していた江戸時代は、二百五十年もの長い間、安泰でした。

江戸時代、憲法のようなものはなく、武家に対しては「武家諸法度」、朝廷に対しては「禁中並公家諸法度」があり、一般庶民向けには各種のお触れ書きが発せられていましたが、それでも、人々の生活が安泰であれば、それでよかったわけです。

ですから、憲法ができたり、変わったりするのは、世界情勢や環境が変わって、憲法が必要になったり、現行の憲法では人々の生活にそぐわないとなったりしたときです。

憲法は、英語で「Constitution」と言います。これは「体質」という意味ですから、変化することがあって当然なのです。ただし、日本には、絶対に変化することのないものがあります。それが天皇という存在です。

たとえば、「国体」という言葉があります。「国体」とは、「国家を成立させるための、基本的な国の形」を言います。今では、日本の状況のみに対して使われるようになり、「天皇を中心に置いた秩序」を表す言葉になっています。

お触れ書きとか憲法なども含めて、日本の体質はさまざまに変化しました。しかし、絶対に断絶しない「国体」という名前の「体」があるので、日本国家は、衰えることはあっても消え去ることはないのです。

ですから、アメリカによる間接統治であっても、安定した状態が続くのであれば、一向に構うことはありません。二百年続いてもいいのです。問題は、この安泰に暗雲がかかりはじめたことであって、だからこそ憲法のことが議論の的になっているのでしょう。

そして、今、もし憲法改定がなされたとしても、五十年後、あるいは百年後に、状況が変われば、また新しい体質（憲法）になるかもしれません。

そのとき、現在、間接統治をしているアメリカという国家が存続することができず、消滅している可能性もあるでしょう。それでも、断絶しない国体をもっている日本は消滅することはないのです。

系統による国体と、集団や文化による国体の違い ◆シュタンツェル

江戸時代の学者で、会沢正志斎という人がいます。私は、この人物に非常に興味をもって、ケルン大学で博士論文を書いたときに取り上げたことがあります。彼は、水戸学の学者で、一八二五年、その著書『新論』で、日本が欧米列強の植民地主義という脅威にさらされようとしていると述べています。

会沢は『新論』で、国の内外における政治的な危機を乗り越えて、富国強兵を進めるために、人々の心をまとめる方法として、尊王と攘夷が必要だということを強く主張しました。

一八二五年といえば、清国にアヘン戦争が起こる十五年も前ですが、その戦略が、あまりにも具体的で先鋭的だったので、一八五六年まで、幕府は発禁処分にしています。

しかし、この書物は幕府の目を盗んで広まり、とくに吉田松陰など、のちの維新の

志士たちの間で読まれました。

会沢は、この著書の中で「国体」という言葉を使っています。彼の言う「国体」の思想は、最終的に、志士たちの掲げる国体思想に結実し、明治以降の国体思想へとつながっていきました。

ですから、渡部先生が、国体についてお話しになった内容を非常に興味深く伺いました。

しかし、先生は「国体」について、二つの側面から語っておられるように思います。一つは、断絶のない形で続いてきたとおっしゃっているように、ある集団の枠組みとして捉えていることです。

もう一つは、会沢正志斎や、戦前に文部省が作った「国体の本義」に通じる捉え方です。

「国体の本義」は、一九三七年、日本とはどういう国なのかを明らかにするために編纂されたもので、国体を、「大日本帝国は、万世一系の天皇皇祖の神勅を奉じて永遠にこれを統治し給ふ。これ、我が万古不易の国体である」と定義しています。

さらに、民主主義も自由主義も、国体にそぐわないものとし、個人主義が行き詰まった結果、共産主義やファシズムが起きたとしています。

こちらの捉え方は、簡単に言うと、国体は国民全体であり、その文化であるというものです。

もし、国体を後者のように捉えるのであれば、これまで何度も断絶を経験してきているのではないでしょうか。

重要なことは、断絶したことではなく、大きな断絶があっても、その傷を治癒してきているという事実です。治癒してきたのであれば、変化や断絶があっても、しっかりと文化は続きます。

たとえば、一九四五年以後、日本人は困難を乗り越えてきました。その結果、当時のアメリカやヨーロッパ、あるいはアジアの国々が想像もできなかった形で今日のような国を作り上げました。

今や、日本は、世界で最も好感度の高い国になり、国家としてもうまく運営されています。

このような形で復活することができるならば、現憲法の改定や、先生のおっしゃる明治憲法への回帰は必要なのでしょうか。

国体を文化として捉えたとき、これほど強く乗り越えることができるのならば、憲法は、そのままでもいいように思えて仕方がないのです。

渡部昇一
フォルカー・シュタンツェル
対談
5

新しい時代の天皇の在位・退位の考え方

天皇は「国体」の一要素に過ぎないのではないか◆シュタンツェル

渡部先生のおっしゃる「国体」についてのご意見を伺いました。最初に、そのことを理論化したのは、おそらく、南北朝時代の公卿、北畠親房《きたばたけちかふさ》の『神皇正統記《じんのうしょうとうき》』だと思います。

実際に、万世一系と呼ばれている、その断絶のない系譜の継続が、政治的な意味としてではなく精神的な意味として続いてきているのは、日本の天皇とローマ法王以外にはありません。

しかし、私が思うに、天皇の存在は、あくまで「国体」の一部なのではないでしょうか。たとえば、昔から続いているもので、他に取って代わられることがなかったものと言えば、日本語や日本独特の文化などたくさんあります。

たしかに、天皇は、日本の歴史や文化を体現する存在です。そして、その一方で、天皇は、現代の民主的な変化も同時に体現しています。

そういう意味において、日本の現代社会においても、この二十一世紀の日本を日本たらしめている要素が、天皇にはあります。

ですから、天皇の存在は、日本人あるいは日本国家の自己保存や困難に遭ったときの自己回復のための、大きな支えになってきました。

前にも申し上げたように、合理性一辺倒の近代主義の世界において、その拘束から逃れたくなったときの支えでもあるのでしょう。

しかしそれは、あくまで唯一のものではなく、たくさんある支えの中の一つです。ほかにもたくさん、日本を日本たらしめているものはあると思うのです。

天皇は、政治的な権力をもっていません。日本の文化を体現しているといっても、実際に文化活動を行っているわけではありません。その働きは、まさに象徴としての存在によって及ぼされているのです。

私は、そうであるからこそ、天皇は、日本のあり方を支えている要素の一つに過ぎず、支えているものは、ほかにもあるのではないかと思うのです。

日本を日本たらしめているものは天皇の存在◆渡部

シュタンツェル氏のご意見も一理あるとは思います。しかし、繰り返すようですが、日本の歴史を振り返ってみたとき、神話の時代からずっと、天皇がいなかった時代はありませんでした。

天皇不在のときが一度もなかったことを考えると、その事実を、日本を日本たらしめているものとしての「国体」と考えてもいいのではないかと思うのです。

たしかに、天皇が政権という実権をもたなかった時代があったことを取り上げて、明治以後の時代を、天皇の時代と言う人がいます。しかし、実権があるなしにかかわらず、天皇がいなかった時代はないのです。

この事実は非常に重いものがあります。たとえば、ドイツでは、カイザー（皇帝）がいなかった時代はなかったと言えるかどうか。家系に関しても、ホーエンツォレルン家とかハプスブルグ家などの古い家柄はありますが、ドイツの歴史の中でその家系がなかった時代はないとまでは、明らかに言えません。

ところが日本では、天皇家がなかった時代はないと言えることは明らかなので、これこそが「国体」ということの本質であり実体だと思うのです。

もちろん、シュタンツェル氏がご指摘されるように、どこの国においても、その国をその国たらしめているものは、いくつかあります。日本でも、言葉や文化などたくさんあります。シュタンツェル氏も、「日本に日本語がなかった時代はない。だから日本語は、日本の国体の重要な一部なのではないか」とおっしゃいます。

たしかに、ほかの国なら、この指摘は通用するでしょう。たとえば、ドイツにはドイツ語がなかった時代はなかった。そのことが、それにまさるものがないゆえに、ドイツの「国体」にとって大変重要な要素になります。

しかし、私が申し上げたいことは、天皇家が、神話の時代から一度も消えることがなかった事実の重みは、他の「国体」の一部であるものよりも、比較にならないほど大きいということなのです。ですから、私は、天皇の存在こそが、日本を日本たらしめている「国体」の本質であると言っていいと考えているのです。

つまり、日本のアイデンティティを支えているものがたくさんある中で、それらをさらに括《くく》る大きなアイデンティティになっているのが、天皇の存在であると思っているのです。

グローバリズムへの反発の流れにどう向き合うか ◆シュタンツェル

渡部先生は、先ほど、終戦直後のアメリカによる間接統治について触れられました。この間接統治は、これからも続く可能性はあるが、天皇の存在も継続し続けるはずで、日本人はそれを当然と考え、期待もしているとのことでした。

アメリカによる間接統治のお話が出ましたので、アメリカによる支配に対するヨーロッパ人の見方についてお話ししてみたいと思います。

ヨーロッパ人には、ヨーロッパから外の世界に目を向けて、視野を広げていった時代がありました。ギリシャ神話のアガメムノンの時代から、ローマ帝国、中世、大航海時代にかけてのことでした。

そして、そのたびに、ヨーロッパ人は、自分たちの外部には、極度の圧政を敷く絶対主義的な支配者がいることを知りました。そして、自分たちの内部であるヨーロッパにおいては、多極的な世界をもっているという自覚をしました。

この自覚とは、たとえば、ウェストファリア体制に支えられた多極的な世界の担い手であるという自覚です。

ウェストファリア体制というのは、十七世紀にドイツを中心に欧州各国が参戦した宗教戦争「三十年戦争」の終結時に結ばれた、ウェストファリア条約によってもたらされたヨーロッパの勢力均衡体制のことです。

この体制が組まれたことで、たとえば、プロテスタントとローマ・カトリック教会が対等になりました。その結果、ローマ・カトリック教会によって権威づけられていた神聖ローマ帝国を構成する各領邦国家の主権が認められ、神聖ローマ帝国は影響力を失いました。

それにより、神聖ローマ帝国に代わって、さまざまな国家が、自らの地域に主権を及ぼし統治するようになりました。そして、国家においての領土権や法的な主権が確立され、お互いの不可侵を認め合うことで、新たな外交や国際法の根本原則が成立したのです。

十九世紀の植民地時代も、他国を支配し、占領した歴史ではありますが、ヨーロッパ人にとっては、こうした多極的な世界がもつ価値観を人々に伝えようというミッション（使命）の歴史でもあったのです。

しかし、こうして広げていった多極主義的で自由な世界秩序は、二十世紀に入って第一次世界大戦や第二次世界大戦を通じ、自らの武力によって破壊されました。ヨーロッパ人は、このとき、世界史の中心から退場したのです。

その後、世界史の主役は、アメリカに移りました。したがって、冷戦時代も含めて、日本だけではなく、他国もまた、アメリカに支えられている自由世界の一部になりました。

すなわち、この自由世界を支えているアメリカが主役になって推し進めているグローバル化の影響を、各国ともに受けているのです。

しかし同時に近年、アメリカ一極と言われてきたグローバリズムへの反発から、ナショナリズムへの回帰や、ポピュリズムの広がりが現象として現れました。

そして、多くの人々が、自由世界の秩序と言われているものを拘束と感じ、その拘束から逃れようとしているのだと思います。

とはいえ、日本も含めた各国が、この自由世界の一部になっていることはたしかな事実です。むしろ、自ら進んで、アメリカの支配に甘んじ、そのシステムの一部であることを受け入れてきたのです。

この自由世界の秩序から、我々は豊かさや自由を得て、世界のさまざまな分野に対して影響力を及ぼしています。

そこからの恩恵という甘い果実を得ているということでは、ドイツも日本も同じでしょう。

ですから、我々は、今、時代が変わってきている中で、その一部となって受け入れてきた自由社会とどう向き合っていけばいいのかということを、ともに考えなければなりません。

日本は島国とはいえ、今や、このグローバル化の時代に、世界の流れの影響を受けずにやっていくことは不可能なのです。

退位できないなら、天皇の人権はどうなるか ◈シュタンツェル

そんな世界情勢の中で、天皇は二〇一六年八月八日、政治的発言にならないように、言葉を慎重に選びながら、「生前退位」の意向がにじみ出るようなメッセージを発表しました。

天皇が、果たして退位することができるのかどうか、私自身、関心をもって注視させていただいています。たとえば、東京大学法学部教授の苅部直《かるべただし》先生には、長時間にわたってお話を伺いました。

苅部先生は、天皇陛下の意志が、国民の多くの賛同を得ていることを前提に、次のような見解を述べられました。

・有識者会議では何らかの制度が提言され、退位を認める可能性が高いこと。

・これは、明治時代の皇室典範や現行皇室典範で定められた、「天皇が自らの意志で退位することを禁じた制度」が大きく変わることになること。
・皇室典範を改正すれば退位が可能になり、憲法の主旨に背かないというのが政府の見解であるならば、皇室典範を改正することがまっとうな方法であること。
・しかし、有識者会議が発足する前から、「皇室典範を改めるのではなく、一代限りの特別立法で今上陛下に関してのみ退位を可能にしよう」という声があること。
・そうした声がある原因は、一九四七年に現憲法とともに公布・施行された現行皇室典範には手をつけたくないという姿勢と思われること。
・皇室典範に退位の規定を追加しなかったのは、「天皇の自由意志を無視した濫用」を防ぎたいという意図に基づいていたこと。

茢部先生は、これらの見解から、現代においては、天皇が無理やり退位させられるという事態は考えがたいので、一代限りにするという案は、官僚の事なかれ主義の表れではないかと指摘されました。

こうした議論の中で、私が、最も関心をもっていることは、天皇が退位できないとするならば、天皇の人権はどうなるのかという問題です。このことについて、渡部先生はどうお考えなのでしょうか。

国民のために祈ることは退位しなくてもできる◆渡部

シュタンツェル氏のご質問ですが、一言で言えば、「天皇に人権なんて言っちゃいけない」、つまり天皇に対して「人権」を云々すること自体がおかしな話なのです。なぜならば、前にも申しましたように、天皇は「御上」だからです。天皇陛下も日本国民でいらっしゃるので、憲法にのっとっての基本的人権はおもちです。ただ、天皇という極めて特殊な地位ですからさまざまな制約が設けられています。

したがって、基本的人権と言っても、一般国民とは違う特別の制約があります。

まず、日本国憲法で、天皇を「日本国の象徴であり日本国民統合の象徴」と定めていますから、日本国籍を棄てることはできませんし、国外に住む自由もおもちではありません。

また、日本国憲法で、天皇は「国政に関する権能を有しない」と定められています。ですから、選挙権や被選挙権をもっていません。法律を変えたり政権を批判したりすることもできません。

さらに言えば、憲法で制約されてはいませんが、天皇は神道においての祭祀の主宰者というお立場にありますから、信教の自由もないことになるでしょう。

退位の是非に関しては、たしかに、天皇が生前に皇位を譲った例はあります。しかし、最後の生前退位の例は、一八一七年の光格天皇ですから、その後二〇〇年の間、行われていません。国民が意外に思い、あれこれ議論するのも無理のないことなのです。

さまざまな議論がある中で、私は、天皇陛下の人権には特別な制約があるという観点から、生前退位はしないほうがいいと思います。たしかに、ご年齢のことを考えれば、大変なことだと思います。ですから、今までのようにお出かけにならず、お休みになればいいのです。

二千年以上も続いてきた天皇陛下の最大のお仕事は、「国と国民のために祈ること」、これ以上のことはありません。

ですから、退位されなくても、宮中で静かに祈ってくだされればいいのです。それ以上のことは、皇室典範にあるように、摂政に任せれば困ることはありません。年号も変える必要はありません。人権とも無関係な話なのです。

天皇候補が二人いると、必ず、そのそれぞれをかつぐ人、たとえば過去の歴史に明らかなように武士などが出てきます。そうなると、内乱状態になり、「錦の御旗」は二本になってしまいます。

そこで、そういう事態にならないように、皇室典範が定められました。ですから、お年を召されたり、ご病気になられたりしたら、ゆっくりお休みになって、宮中で国と国民のために祈ってくだされればいいのです。

天皇はお休みになって祈られるだけ、実務は摂政がなされればいいというように、皇室典範は素直に読み解けば、じつによくできているのです。

摂政よりも退位のほうが現在の状況に合っていないか
◆シュタンツェル

皇室典範によれば、摂政は、あくまで天皇が務めを果たすことができなくなったときという条件がついていたと思います。

天皇陛下は、最近も海外訪問などをされていますから、必ずしも、この条件にはあてはまらないのではないでしょうか。

また、現在、政府によって考えられている案は、現在の天皇が退位したときには、現天皇を、「前天皇」「元天皇」と呼び、皇太子が皇位を継がれるということになっています（編集部注：対談後、特例法が成立し、退位後の天皇を「上皇」と呼ぶことに決定）。

そうなると、皇位を継がれた現在の皇太子が先生のおっしゃるところの「お上」ということになり、たしかに、「前天皇」「元天皇」という、今までなかった存在が生まれることになります。

しかし、これは、現在必要とされていることであり、すなわち現代の要請に状況を合わせることになるのではないでしょうか。

私は、天皇という存在の特殊性、そして、天皇の存在が、日本社会にとっていかに重要なものかということを充分わかっていると、自分では考えています。

そう思っている外国人として申し上げると、実際に、現在もちあがっている問題点は、時代の要請なのではないかと思えます。

この問題に対する答えや解決が、近代化によるさまざまな変化が起きている環境の中で、日本社会のあり方として適切なものであればいいと思うのです。

これから「お上」になられる方や、現在「お上」として存在されている方の個人的な希望に沿う形で、その答えが見出されることが最良と思いますし、そうなることを願っているのです。

天皇にそのとき次第のご都合主義はそぐわない　◆渡部

シュタンツェル氏は、たしかに、日本の天皇についての知見をおもちです。しかし、時代に合わせて天皇のお立ちになっている位置を変えることには賛成できません。それは百年後、二百年後に日本に内乱を起こす元になる考えです。

そのようにヒューマニスティックに、そのときの事情に合わせて、そのとき次第で決めるようになると、皇室の安定性を欠くようになってしまうからです。それがわかっているからこそ、明治の皇室典範に明記されたのです。

もし、そのとき次第で変えてしまえば、皇太子が「私は天皇にはなりたくありません」と言い出さないとも限りません。

また、うしろにいる権力者が「天皇になりたくない」と言わせたり、天皇を退位させようとしたり、あるいは、自分の意のままになるような人を天皇にしようとするなど、いろいろな陰謀が渦巻く可能性もあるでしょう。

このような状況になる可能性は、今の段階では限りなく低く、考えすぎと思われるかもしれません。

しかし、皇室については、百年先、二百年先の遠い将来を考えなければいけません。こうした考えのもとで規定しなければならない皇室のあり方ですから、急に法律化した臨時の特別措置法で決めることができるようなものではありません。

そして、「天皇が務めを果たすことができなくなったとき」という条件には、お年を召した場合も当然含まれています。

繰り返すようですが、お疲れになったのであれば、お休みになればいいのです。不謹慎なたとえかもしれませんが、普通の会社の社長が任務を果たせなくなったから、後任に社長の座を譲るというのとはわけが違います。

天皇は、その任務や職能の可否で決まるものではありません。その任務が果たせるから在位する、果たせないから退位するという性質の問題ではないのです。

あえて言わせていただけば、その存在そのものが重要であり、しいて言えば先ほど申し上げた、「国と国民のために祈っていただくこと」、そのことを毎日心がけていてくださることだけで、日本という国と国民にとって、かけがえのない存在であり続けてくださるのだと思います。

（二〇一七年一月二十四日　於・幻冬舎）

第2部

時を超えて　二十一世紀の天皇

フォルカー・シュタンツェル

Volker Stanzel

Aus der Zeit gefallen
Der Tenno im 21. Jahrhundert

本書第2部は2016年2月、
公益社団法人オーアーゲー・ドイツ東洋文化研究協会（OAG）より
刊行された書籍を翻訳して加筆・修正をしたものです。

日本語訳　田口絵美

まえがき

十六世紀、イエズス会士たちが最初に日本にやってきたころから、すでにヨーロッパでは「天皇」を政治的・社会的な存在として認識していた。

天皇の役割を表す言葉として、「皇帝」に相当する「エンペラー」「カイザー」等の単語がかなり早い時期から使われていたのだ。

現在の日本は、世界の君主国の中でも、皇帝を戴く国という意味で、言わば唯一の「帝国（エンパイヤー／カイザーライヒ）」である。

しかし、日本の「天皇」は、そもそも「皇帝」なのだろうか。

ローマ皇帝シーザー（カエサル）の名から派生した「カイザー」、またはローマの「インペラトール」から派生した「エンペラー」で表される「皇帝」という言葉で言い換えができるだろうか。

そのように単純に言い換えただけでは、何世紀にもわたり政治的・社会的・宗教的に大きな変化をくぐりぬけてきた天皇という存在を理解することはできない。

天皇にまつわる変化は近現代に入ってからも起きている。第二次世界大戦前と、終戦後の天皇の制度では全くの別物だ。昭和天皇は戦前から戦後の一九八九年まで皇位にあり続けたが、制度は全く違うものになった。

敗戦までは「神」と位置づけられていた彼は、戦後「人間」となった。その息子で皇位を継いだ現天皇は、十九世紀に作られた疑似宗教的イデオロギーである国家神道とは、個人的に何ら深いつながりを感じていない。国家神道の時代は一九四五年、現天皇が十一歳の皇太子のときに幕を閉じたのだ。

現天皇が即位してから約四半世紀、この間、天皇という制度はさまざまな形に変わってきた。

そもそも、天皇の機能、「天皇制」の働きとは、今日の日本社会にとってどのようなものなのだろうか。そして、それは今後どのように変わっていくのだろうか。

民主主義国家の一員として天皇が国を代表しつつ、近代以前の伝統をも組み合わせ、天皇が自らその伝統を体現していくというあり方は、矛盾なく存続させることができるのだろうか。

本稿は、こうした問いを考えるのが目的である。天皇という制度のこれまでの歴史を振り返り、戦前から戦後にかけての新たな方向づけ、そして最近の変化を見た上で、今後どのような性格を「天皇」が帯びていくのかについても考えてみたい。

1　天皇とトーテム

皇太子と自撮りをしようとする人々

二〇一一年十月、クリスティアン・ヴルフドイツ連邦共和国大統領が日本を訪問し、東京都港区の有栖川宮記念公園では「ドイツフェスティバル」が開催された。

その開幕にあたり、大統領と日本の皇太子は菩提樹の記念植樹を行うことになった。芝生で足もとが滑らないようにと、この日のために特別に設けられた通路をたどり、二人は植樹場所へと向かう。一般来場者と充分な距離をとるために、立ち入り規制が設けられていた。

それでも、当日フェスティバルを訪れた二万五千人に、噂は瞬く間に広がったようだ。

いつの間にか、規制の外側に大勢の人々が集まっていた。大統領と並んで移動する皇太子に対し、あちこちから「皇太子様！」「殿下！」と声が飛ぶ。

混雑の中、人々は身体をねじり、手や腕を皇太子に向けてのばしてきた。ついには皇太子も立ち止まり、来場者と握手をしはじめたのだった。

次から次へとのびてくる手を、ひとつひとつ微笑みを絶やさず握り返し、どこから来たのか、家族はどうしているかなどを尋ねる様子、また、答えた言葉に微笑みながらうなずく皇太子の様子に人々は熱狂していた。

スマートフォンやデジカメを高く掲げ、かなり無理な角度に手や頭を曲げ、皇太子と一緒に映った自撮りをどうにかして撮ろうとする人もいた。

人々は熱狂し、皇太子自身も明らかにふれあいを楽しんでいる様子だった。唯一、警護官のみは冷や汗のかき通しだっただろう。

限りなく国民に近い皇室

天皇の場合は、国民との距離をここまで縮めることはない。しかし、人々が同様の熱狂を見せる場面はある。天皇誕生日や新年の一般参賀である。

国民は、通常は自由に立ち入ることができない皇居の庭園に足を踏み入れ、日の丸の小旗をふりながら、手をふって歓声を送るのだ。天皇は、皇后や皇族とともに、宮殿の二階に数十分おきに姿を現し、建物前の国民に向かって手をふる。

ほかにも、たとえば天皇と皇后が、都内のコンサート会場の貴賓席に現れると、観客は一人残らず起立して、拍手をおくり、天皇と皇后がこれに応え手をふりつつ着席すると、観客の拍手はやむ。

もちろん、こうしたことは戦前ではあり得なかった。戦前どころか、天皇が普通の人間には近寄ることのできない神、もしくは神のような存在として捉えられていた千年以上にわたる年月を通じて、このような場面はあり得なかった。

天皇や皇太子が国民の前に実際に姿を見せ、人々が声をかけ、あまつさえ触れることすらできる今日の状況、天皇がもはや神聖な存在ではなくなっている状況は、日本の君主制に非常に重要な質的変化が起こった表れであろう。

「天皇」の語源

『古事記』（七一二）、『日本書紀』（七二〇）等、八世紀から十世紀ごろの歴史書や地誌によると、今日の天皇家の祖先は六世紀から七世紀にかけ、日本の西部から中部において支配体制を築いていた一族だという。

その体制は、集団王朝体制とでも言うべきものだった。

一族の家系は、太陽神である天照大神を祖神とした。神々の頂点にのぼりつめた神から続く血統として、子孫たちも社会の頂点に位置したのである。

他の氏族もそれぞれ、他の神々から続く血統であるとされた。そしてそれらの神々は、おそらく後年になって、天照大神より序列の低い位の神々であるとされたのである。

こうした氏族のほとんどが、もともとは朝鮮半島からやってきて、最初は日本の南部や西部で支配地域を確立したものだという。

その後、次第に勢力圏が移動し、四世紀ごろには大和（現在の奈良あたり）に至る。

そこを中心に支配は広範囲に拡大し、今日の関東地方の先にまで達していたという。

「天皇」という語は、古事記と日本書紀ですでに使われている。もともとは、あらゆる星が天空を巡るときの中心である北極星になぞらえた、「最高位の支配者」を指す中国道教の用語が由来だ。つまり興味深いことに、太陽神を表す語ではないのだ。

中国では、唐（六一八〜九〇七）の第三代皇帝である高宗《こうそう》（在位六四九〜六八三）が自らを「天皇」と称した。この称号の中国での使用は、結局この七世紀後半におけるごく短い期間のみにとどまった。日本にはその時期に伝わったのではないかとされている。

それまでは日本独自の呼称や、中国から伝わった呼称が複数使われていて、次第にこの語に統一されていった。文書において初めて使用されたのは七世紀後半だと考えられている。

「天皇」とは、「日本の最高位の統治者は、最高位の神格をもつと同時に、中国の皇帝と対等の存在である」という思いが込められた言葉である。

中国の皇帝と対等であるとの思いは、すでに隋代（五八一〜六一八）、六〇七年に天皇が使者に託して当時の皇帝に届けた書簡にも表れている。この書簡の書き出しは「日出ずる処の天子、書を日没する処の天子に致す」となっていた。

最初に来た欧州人は日本をどう見たか

西欧で「皇帝（カイザー／エンペラー）」で表されている地位を、「王」の上位に位置づけられる君主として捉えるのであれば、最初に日本にやってきた欧州人が「天皇」の訳語として「カイザー」（およびヨーロッパ各言語でこれに対応する語）をもってきたのは、至極理にかなっていた。

天皇という存在は、どうやら将軍の上にあるらしいとの認識を、彼らも得たのである。

他方、欧州人の印象としては日本最高位の統治者は将軍であるように見えた。それゆえ、将軍のこともしばしば「皇帝（カイザー等）」と呼んでいた。

「征夷大将軍」を略した言葉である「将軍」は、平安時代（七九四〜一一八五）に天皇が、蝦夷《えみし》と呼ばれる東部・北方の少数部族を征伐鎮撫せよと命を下した際、軍司令官に授けた称号である。

将軍の称号は、一一九二年以降、世襲されるようになる。その後、武家の頭領らの間でいくつもの戦が起き、その都度「征夷大将軍」の称号を名乗ることのできる一族は交代していった。

武力をもつ彼らこそ、日本の実質的な支配者であった。それゆえ、ヨーロッパ人は天皇の役割を政治的な性格のものではなく、聖職的・宗教的なものに限られると考えた。

たとえば、エンゲルベルト・ケンペルは、一六九一年、長崎から江戸（今日の東京であり、当時すでに将軍の居城がある実質的な首都であった）に向かう旅に関する記述の中で「カイザーライヒ（日本帝国）」という表現を使った。

将軍が統治する国であるとし、将軍は「クボウ（公方）」すなわち「モナルヒ（君主）」であり「カイザー（皇帝）」であると説明している。

しかし同時に、「ダイリ（内裏）」つまり天皇についても「ザイナー・ハイリヒカイト（猊下《げいか》）」という高位の聖職者に対する敬称を用い、世襲の聖職的皇帝であるとしている。

また、フィリップ・フランツ・フォン・シーボルトは一八二六年、オランダ商館長とともに長崎から江戸参府に赴いた。謁見の際、将軍に対して商館長のことが「Opperhoft-Gezandt aan den Hof des Kaiser〈オランダ語で〈皇帝の宮廷に派遣された商館長〉」と紹介されたと記している。

シーボルトはほかにも、ジョン・マレー社から一八四一年に編集・出版された書籍に「ミカドは神々を継承し、代理する存在であり、名目上の支配者であり、統治者であるのに対し、ショウグンはその名代、もしくは代行だと言える」と記した。

一八五八年、米国の初代駐日公使であるタウンゼント・ハリスは、天皇が権威を備えているという米国側の考えを、幕府の役人たちは馬鹿にしきっていたと日記に書いている。

ハリス自身はケンペルと同様、天皇は宗教的な権威であるのに対し、将軍は世俗的支配者であると考えていた。

同様に、プロイセンの東アジア遠征使節団の一員として来日した、植物学者マックス・エルンスト・ヴィヒュラも、故国の母親に宛てた手紙の中で、京都には宗教的皇帝、江戸には世俗的皇帝がいると書いている。

日本の公式文書に「エンペラー」が初登場

一八六八年二月には、「エンペラー」という呼称が日本の公式文書でも使われるようになった。

明治天皇は、各国の日本駐在使節に直接宛てた初めての文書で、統治権が再び天皇のもとに戻ったこと（大政奉還）を次のように伝えた。

「日本の天皇（エンペラー）は、各国の元首および臣民に次の通告をする。将軍徳川慶喜に対し、その請願により政権返上の許可を与えた」

これにより、将軍は、天皇から授かった委任により政権を担っていたに過ぎないことが強調された。また同じ文書で、「天皇（エンペラー）の称号が、従来条約締結の際に使用された大君（タイクーン）の称号に取って代わることになる」と宣言された。

おそらくこれこそ、政権を行使する国の支配者を指す用語として「天皇（エンペラー）」の称号を外国人に使ってもらいたいと、日本人が公かつ明確に希望した初めてのケースである。またこれは、初めて天皇が外国人に対して自らの署名を行った文書でもある。

ちなみに、同時代の目撃者であったリーデスデイル男爵ミットフォードとサー・アーネスト・サトウは、（後年一九一六年及び一九二一年になってから出版された）自分たちの日記でそれぞれ、「ミカド」と「エンペラー」の語は使っているが、「天皇」の語を使うには至っていない。

一九一五年に天皇の制度を詳細に分析したウィリアム・エリオット・グリフィスも、「ミカド」の語しか使用しなかった。日本の実情を説明しようとした当時のヨーロッパ人やアメリカ人の間に、「天皇」の語が浸透するにはまだ時間が必要だった。

他国君主と天皇との立場の摺り合わせ

明治天皇は一八六九年、英国王室の王子と面会した。ヴィクトリア女王の第二王子であるエディンバラ公である。

日本ではこのときまで、日本の君主と同等の立場の相手が他国にも存在し、当然天皇自らが対応に出なければならない可能性について、充分な認識がなかったのではないかと思われる。

この同等性を受け入れるのは、天皇の腹心たちにとって決して容易ではなかっただろう。

そもそも「天皇」という称号には「宇宙最高位の存在だ」という意味が込められているし、それ以外にも、天皇とは、世俗的統治者としての務めに加え、国の運命を左右する祭祀を執り行う宗教的存在だという点で、他国の君主とは違いがあるからだ。

つまり、明治の世でも天皇は「人間」になりきっていなかったのである。

しかし、日本側で仔細な検討が行われたのちに実現したエディンバラ公の謁見は、世界に日本の君主とほぼ同様の地位をもつ存在が（日本側は神聖な存在でもあるという違いはあるにせよ）ほかにもいると、日本側が認めたということを示していた。

同時に、西欧的な君主も基本的に天皇と同様の制度だということで日本人に受け入れられたのである。

これは、外国駐日使節への前述の文書で宣言された、天皇の世俗的統治機能の回復にも増して、注目に価する展開である。

最高位の神官としての天皇

太陽神をあがめる天照信仰は、四世紀から七世紀にかけて国の形が整っていった時期に、日本全体に広がりをもつ宗教的信仰に発展していったと考えられている。天皇は国を統治するだけでなく、天照大神の子孫として自身も神格をもち、最高位の神官としての務めを果たしている。

二重の役割をもつこうした統治者の類型は、エジプト、シュメール、中国等、古代においてはほかにも見られた統治形態かもしれない。

しかし、日本文化の研究で知られる歴史学者ジョージ・サンソムが指摘しているとおり、外面的要素を除くありとあらゆる要素を、実質的な政権が担うようになったあとも、天皇が長きにわたって法的には君主であり続けたということは、日本の歴史の特徴的な現象である。

新たな統治者の誕生

八〜九世紀に藤原家が実質的な権力を手にすることになったのを皮切りに、天皇家以外の家系の者が、実際の統治を行うようになっていった。十世紀以降、天皇のもつ二つの役割は本格的に分離し、一体化することはまれになった。

やがて権力は公家からも離れ、武士へと移っていく。はじめは天皇の名代として関白や摂政を名乗る者が権力者となったが、のちに権力をもったのは将軍たちだった。

江戸時代（一六〇三〜一八六七）は、将軍職が真の統治者として一層制度化された時代だった。江戸以前、中世においては、天皇が政治に影響を与えることができる場面が多少はあったが、江戸時代には全くなくなってしまった。

天皇は、皇族や公卿らもろとも京の宮城に幽閉状態も同然であり、天皇が御所の外に出る機会というのはごくまれにしかなかった。

また宮廷の公家の多くは、禄が極めて些少なために暮らし向きもつつましく、時として書や歌など宮廷で身につけた技能を用いて収入の足しにせざるを得ない者もいた。

さである。

孝明天皇（一八三一〜一八六七）の生涯を見ても、ほとんど同情すら覚える不自由さである。

孝明天皇の時代、欧州各国は修好通商条約締結を求めて（米国はこれに加え、捕鯨船の薪水《しんすい》補給への許可を求めて）日本に使節を派遣していた。

その当時に天皇が書いたものには、幕府に対し何ら影響力を行使できない（そして外国の要請をきっぱりと拒否できない）ことへの絶望とも呼べる苛立ちが感じられる。

いろいろ手を尽くしてみたところで、結局は腹心であった廷臣を落飾謹慎に追い込むような結果を招くのが関の山だったのである。

世界の政治論から見ても特異な存在

囚われの身とすら呼べるこのような状況にもかかわらず、天皇は依然、国と人々の安寧を祈り、将軍の地位の正統性を保証する宗教的権威であり続けた。

江戸時代、京都の人々が天皇を目にする機会は極めてまれだった。しかし、天皇の宗教的役割が人々の意識に深く根づいていたことを示すエピソードは残っている。

たとえば、大きな自然災害のとき、何万もの群衆が御所を取り巻き、天皇に救済を願ったことがあるという。

たとえ国を統治できなくとも、非常時に救ってくれるような神に通ずる能力が天皇には備わっていると、人々は信じていたのだろうか。

精神分析学者ジグムント・フロイトはその著書『トーテムとタブー』で、原始社会で神に近い存在と見なされたり、神そのものと見なされたりする王の役割について分析を行い、そのような王は「神々だけが所有しうる絶大な権力と、人々に恩恵を与える力を付与されていた」とする。

ちなみに「あとの時代になると、家来たちのうちの最も卑屈な者たちしか、この権力と能力への信仰を装わなくなる」のだという。

いずれにせよそのように神と同一視されるということは、天皇が祭祀を正しく執り行わなければ、国の運命と民の安寧を支えることができないと、みなが信じているということを意味する。

ちなみにここで言う祭祀とは、日々の祈禱から、田植えや新嘗祭など農耕に関わる儀式に至るまでさまざまである。

フロイトはエンゲルベルト・ケンペルの記述を引き、神に近い存在としての天皇の務めに支障がないように、周りが天皇の身をあらゆるものから守る必要が生じると語っている。

こうして天皇は、無数の儀礼や取り決めによって身動きのできない囚われの身になるのである。

祭祀・儀礼への従属状態におかれ、実質的な政治権力の行使から外されるというこの傾向は、他国の君主と比べても日本の天皇の場合、極限まで推し進められていたと言えるだろう。

とはいえ、政治的権力を失いつつも、存在の神聖性は維持するというこのあり方自体が、天皇という制度がこれまで存続してきた原因であった。

多くの時代、天皇は行動の自由が制限されていた。また、政治的行為としては、唯一、将軍の名目的任命（既定路線の追認）のみが認められていた。それゆえ、実質的支配を行使する者が天皇を脅威に感じることはなかったのだ。

ただし、天皇を監視する必要はあった。将軍に対抗する家や藩が、天皇を使い、将軍の首をすげ替えようとするかもしれないからである。

また、フロイトが指摘したとおり、宗教的な務めのためにも常時監視が行われていたわけであるから、真の自律性は認められていなかったということだ。

天皇の家系がこうした困難な環境の中で何世紀にもわたり続いてきたということ自体、世界の政治論において重要な位置づけをもつ現象であろう。

2 政治概念としての「天皇」

中国を模倣しつつ差別化するための「天皇」

奈良時代（七一〇〜七九四）に入る前、唐が同盟国新羅（〜九三五）とともに高句麗（〜六六八）や百済（〜六六〇）に戦いをしかけ、日本は中国と直接対立する構図に陥った。百済は当時日本の友好国で、朝貢関係のような状況にあったと見られている。

唐・新羅同盟軍が百済に侵攻し、百済の将軍は倭国に救援を要請した。これを受けて、六六二年から六六五年にかけ、倭国は朝鮮半島に多数の軍勢を派遣し、唐と戦いを繰り広げたが、撃退されてしまった。

この敗戦を経験し、さらに新羅が唐の冊封下《さくほうか》に入るとなおさらのこと、日本は国の独立維持に不安を覚えることとなった。

その不安は、当時の日本社会で政治的影響力をもつ知識層、つまり仏教の関係者や朝廷内や豪族らの間で、中国の精神文化の影響が拡大していただけに、一層現実味をもった。

日本の知識層に中国文化が急速に広まったのは、支配層がそれを望んだ結果に相違ない。だが同時に、一旦そうなってしまうと自らのアイデンティティ維持に不安を覚えることになったのだ。この不安と、中国の軍事的優位を目の当たりにしたことが相まって、中国化を一層進めることへの懸念と、自らのルーツを確認することへの欲求が高まったのだろう。

その結果、当時先進的だった儒教的統治理論の影響を色濃く受け、国の統治システムは次第に中国的な制度になっていった。しかし同時に、「天皇」という称号を使用することで、少なくともテクニカルターム（専門用語）のレベルでは中国の皇帝との対等性を示そうとしたわけである。

このことは、当時豪族から国家を担う官僚へと変化を遂げ、次第に形成されつつあったエリート層が、社会的・政治的に二つの段階を踏んで自己理解を組み立てようとしていたことを示している。

つまり、まず中国的な統治システムを取り入れ、そうしつつも、中国的な統治との差別化を図ろうとした。日本のエリート層は、国家理論の点で中国と対等の文明水準を求めつつ、同時に政治的・文化的独立の維持に努めたのである。

古い氏族ほど優位

日本の君主は、中国の皇帝に伍することができ、なおかつ、日本の独自性を象徴する存在であるという主張の根拠のひとつは、「他国の王朝と同様に、天皇家も神話的・歴史的に長く続いている」という点である。

だがそれ以上に、「天皇家の家系は神の手によって創られ、以来中断することなく国を治めてきた」という、飛鳥時代に体系的まとまりをもち、やがて古事記・日本書紀に編まれることになる神話において語り継がれた物語が根拠となっているのである。

中国や朝鮮半島の君主が使っていた称号も、それぞれの神とのつながりを表すものだった。だが「途切れることのなかった万世一系の君主」という違いのため、日本ではあえてそれらの称号の使用を避けたのである。

また、天照大神につながる血統であるという捉え方には、豪族間の競合関係がもう一つの要因をなしていたらしい。最も昔の時代まで系譜をもつ氏族の長が、自らの思想の正統性を主張する上で優位に立つことができたのである。

神話により中国皇帝より格上の存在に

十三世紀、大陸が元（一二七一〜一三六八）の蒙古支配のもとにあった時代、日本は二度にわたり蒙古軍の襲来を受け、目の前の大国に対する不安をより強く感じるようになった。

中国が明代（一三六八〜一六四四）に入ると、大陸からの圧力を感じた当時の幕府は、それから百五十年間、天皇の頭越しに将軍を中国皇帝の「外臣」とし、「日本国王」の称号を受け入れた。日本における儒教や仏教の思想的な影響が一層強まっていったのもこのころだ。

そんな中、神道を日本古来の思想・精神と捉える思想家も増えていき、そうした立場からは、中国やインドから伝来した仏教は日本古来の精神を脅かす存在であると考えられた。

そして同じころ、天皇は神につながるという神話が、政治的・思想的な重要性をもつようになっていった。

初代天皇とされる神武天皇の曽祖父瓊瓊杵尊《ににぎのみこと》が、そのまた祖母にあたる天照大神から、「国を治め、皇位を子孫に継承するように」との使命を授かって地上界に送られたそのときから途絶えることなく続いてきた（ということで再構成された）皇統、万世一系が重視されるようになっていった。

つまり自らが神であったことから、日本の天皇は中国の皇帝ともはや同格ですらなく、中国の皇帝の格上ということになる。

中国では、皇帝のことを天子すなわち「天の子」と称しており、自らが「天」すなわち神なのではないのである。

天下を治めよと天から受けた「天命」は、徳を失えば、その家系を離れ、天命が別の家系へと移ることもあり得るのだ。そして実際に、中国では権力の交代が起きてきた。

万世一系理論の登場

十四世紀には、神話的歴史書『神皇正統記』を著した北畠親房が、日本の宗教・社会の文脈の中で、神道の最高位にある天皇の地位をより詳細に定義しようとして、万世一系の理論を展開した。

親房は武家による実質的支配という当時の政治秩序を脅かしたわけではなかった（仮に試みたとしても、当時の状況から見て決して奏功しなかったであろうし、親房にとり致命的な結末になっていたかもしれない）。

しかしながらこの著書で、日本の国際的優位性を主張する初めてのまとまった理論を、万世一系の主張を土台として打ち出した。この理論は、その後の歴史の中でさまざまな時代に、学問的かつ政治的な影響力をもつようになった。今なお、日本の国内政治において一定の役割を果たしている。その要諦は親房の本の冒頭に示されている。

「大日本者神国也、天祖ハジメテ基ヲヒラキ、日神ナガク統ヲ伝給フ。我国ノミ此事アリ。異朝ニハ其タグヒナシ。此故ニ神国ト云也〈大日本は神国である。天祖（＝国《くにの》常立尊《とこたちのみこと》）が初めて我が国の基《もとい》を開かれ、日神《ひのかみ》（＝天照大神）が長くその統を伝えなされた。これは我が国だけのことであって、異朝にはその類はない。それゆえに我が国を神国というのである〉」

この思想は、十八世紀の半ば以降、西洋の植民地主義的な動きと対峙することになった日本で、日本例外主義の核を形成するようになる。

植民地主義と帝国主義のもとでは、国々はグローバルに動き、とりわけ貿易や司法手続の分野で、普遍性をもつ法や行動規範に注意を払うようになる。

それゆえ、植民地主義、帝国主義は、地球上のどの文化圏のアイデンティティにとっても、それまで日本が中国に感じてきたものをはるかに上回る大きな脅威となった。

しかし日本では、日本例外主義思想があったお陰で、欧米に対しても日本独自のアイデンティティが価値あるものだという確信をもち得たのである。

欧米は何十年もかけて技術的先進性に磨きをかけてきたかもしれないが、それでも日本の優位性に揺るぎはないというわけだ。

これはすなわち、神話的歴史を根拠とした、天皇がいる限り続く不変の優位性だ。これにより、外国の先進的な文化や技術の力も、すんなり取り入れることができた。

日本例外主義思想は主に、国学や後期水戸学によって体系化されていった。ちなみに水戸学には、神道や国学の思想と、中国から取り入れられた儒学思想が融合していた。そして儒学思想は、江戸時代の政治に影響を与えていた。

しかし、果たして幕府に国を外国から守る力があるのか、という問題がもちあがったとき、それまでの水戸学派の思想になかった要素を加える必要が出てきた。すなわち、天皇を神として見る思想の発展形として、儒教の世界で天が君主に授けた「天命」を取り下げるように、天皇が幕府への信任を取り下げる可能性を、新たに設けたのである。

一八六八年、天皇はまさにその決断を各国使節宛ての文書で宣言したのだった。

国体思想と日本例外主義

こうした動きと並行して、天皇には儒教的統治論から見た君主像が新たに追加されることになる。正しく徳の高い行いで、臣民の模範となる、有徳の君主が求められるようになっていったのである。

これらの思想体系においては、さらにもう一つの新たな一歩が踏み出された。「国体」を担う天皇という思想が加わったのである。

一八二五年、会沢正志斎はその著書『新論』において、皇統が連綿と続くという万世一系の思想と、儒教的な「忠」や「孝」が日本の為政者においてもつ根本的な意義と、「祭政一致」とを組み合わせた理論を展開した。

会沢や水戸学派の学者たちは、日本独自の自民族中心主義の理論を構築していった。神話的歴史に依拠し、万世一系の思想に加え、日本に自然に備わった（あるいは天から授けられた）他国との関係における優位性という考えと、天皇について唱えられるようになったもう一つの特殊な観念、すなわち国の「本質」もしくは文字通り

「体」を表す「国体」という観念とを不可分に結びつけた。

天皇という存在に関わるこの新たな概念は、中国と日本の思想や宗教の中から折衷的なものとして生まれてきた。そして、この国体という概念によって、十九世紀半ば以降展開される日本例外主義が始動したのである。

ちなみにすでに一八二三年、佐藤信淵《さとうのぶひろ》は、水戸学派より先に、目立たない形ではあったが先鋭的な内容の主張を行っていた。その著書『宇内混同秘策《うだい》』で、「皇大御国《すめらおおみくに》は大地の最初に成れる国にして、世界万国の根本なり。故に能《よ》く其の根本を経緯するときは則ち全世界悉《ことごと》く郡県と為すべく、万国の君長皆臣僕と為すべし」と、日本は世界を郡や県として支配すべきだとの論を展開していたのである。

一八六八年前後の明治維新後、国体思想は、国家神道、「パトリオティック・カルト（祖国崇拝）」（メリー・A・ノース）、そして一九四五年まで臣民の奉仕の道を説き続けるイデオロギーの核を成すようになる。

天皇は、人の世界を離れた高い次元で「国体」を表し、もはや自ら行動する必要はなく、ただただ「古今東西を通じて真善美の極致」である存在としてあり続けることを求められた。

儒教的な、臣民の範たる有徳の君主という考え方は、純粋に抽象的な概念と化した。臣民の忠義は天皇に向けられ、臣民は天皇に代わって徳を積むことを求められた。

政治学者丸山眞男は、こうした天皇を「道徳の泉源体」であったとし、また明治時代最も重要な働きをなした内閣総理大臣伊藤博文は次のように解説している。

「けだし天皇は天縦惟神《てんしょういしん》至聖にして臣民群類の表にあり、欽仰《きんぎょう》すべくして干犯すべからず。故に君主は固《もと》より法律を敬重せざるべからず。而して法律は君主を責問するの力を有せず（思うに、天皇は天から許された神のままの至聖として臣民や群集の前に存在され、仰ぎ尊ぶべきであり、干犯してはならない。故に、君主は言うまでもなく法律を敬重しなければならないが、法律は君主を責問する力をもっていない）。」（伊藤博文の憲法義解　～大日本帝国憲法　第三条～）

3　国家神道を支える天皇

明治政府による「新宗教の発明」

一八八九年公布の大日本帝国憲法では、明治時代初頭の約十年、自由思想寄りの陣営が強く反対していたものの、最終的には前文（上諭）において、

「国家統治ノ大権ハ、朕カ之ヲ祖宗ニ承ケテ之ヲ子孫ニ伝フル所ナリ（国家統治の大権は私の祖宗から私が受け継いだもので、私から私の子孫へ継がせていくものである）」

と、天皇は神の国としての国の由来を象徴する存在となっており、国家神道が言わ

ば国の方針とされた。同憲法第一条では「大日本帝国ハ万世一系ノ天皇之ヲ統治ス（大日本帝国は、万世一系の天皇が統治する）」となっている。

同時に天皇は、法を超え、日々の政治を超えた存在とされた。同憲法第五十五条に「国務各大臣ハ天皇ヲ輔弼《ほひつ》」するとあるが、大臣自身が具体的な政策の実施についてもその責任を負わなければならなかった。

さらに、一八九〇年に「教育勅語」が発布され、天皇の肖像写真「御真影」とともに一八九一年から教育現場での敬拝の対象として配布された。

この「勅語」により、国体はあたかも一大家族のように捉えられるようになる。徳の高い天皇が範となって導く家族である。

社会は「皇道」に従う。天皇の権威の淵源《えんげん》はその存在自体にのみ求められる。天皇が行動することはその務めとして期待されていない。その存在のみをもって、世界に影響を及ぼすのである。

丸山眞男は、「『国体』という名でよばれた非宗教的宗教が魔術的な力をふるった」として、天皇へと向かった国家神道の力を振り返っている。

十九世紀末、東京の大学で博言学（言語学）講師として教鞭を執っていたバジル・ホール・チェンバレンは、実際に「新宗教の発明」の目撃者として記録を残している。彼は、「歴史的事実」へと改変された神話に基づく新宗教、平安文学にでも出てきそうな朝廷の儀式の再構成による新宗教が発明された、と形容している。

日本の近代化はなぜ成功したのか

維新の担い手たちが日本の歴史を再構成し、二千五百年余の年月を遡る「万世一系」をその核心に据えたのは、社会と政治の構造が解体して国が混沌に陥ることへの不安ゆえであった。

彼らは、国民が文化的・政治的に一体性を確保できなければ、近代化の波に伴う劇的な変化に耐えるのは無理だと考えたのだ。そしてその一体性は、この国を象徴し、神格を備える天皇に国民が奉仕することで得られると考えたのである。

西洋植民地主義に直面した国で、近代化の試練を日本ほど首尾よく乗り越えた国がほかにないことを考えれば、このやり方が誤りだったとは一概に言えないのかもしれない。

二十世紀に入ってからの四半世紀は、著名な思想家、政治家、軍人が国体思想を発展させていった。すると国体思想は、日本外交においても新たな役割をもった。すなわち、天皇への崇敬の念は絶対であるとの信念を、世界全体に広げるという役割である。

「皇道」は軍事的拡張政策を正当化するイデオロギーとなった。たとえば一九四一年、日本軍人たちの行動規範として出された「戦陣訓」には、

「それ戦陣は大命に基き、皇軍の神髄を発揮し、攻むれば必ず取り、戦へば必ず勝ち、遍く皇道を宣布し、敵をして仰いで御稜威《みいづ》の尊厳を感銘せしむる処なり（戦陣というところは、天皇陛下のご命令をもととして、皇軍の皇軍たる真価を現し、攻撃すれば必ず取り、戦闘すれば必ず勝ち、広く皇道を世界に行き渡らせ、敵軍に、天皇陛下のご威光を仰がせて、その尊さに感銘させる場所である）」

とある。天皇は「国体」の中核であるが、もはや積極的な役割を全く期待されていない。一連の思想は、一九三七年、学校や師範学校などでの使用を考えて刊行された冊子「国体の本義」で解説された。

神のお墨付きを求める各勢力

明治時代後半から第二次世界大戦終戦までの天皇の役割について、丸山眞男は、「天皇は、何ら具体的影響力を有しないものの、『国体』の体現者として日本の他国に対する優位性を証明するとともに、国体の名において行われる国のあらゆる行為をも道義的に正当化する、政治的に欠かすことのできない存在であった」という趣旨の発言をしている。

あらゆる政治決定は、天皇がそれを認めている限り、事実上、神のお墨付きであると正統性を得ているも同然であった。こうした中、天皇が、政界の権力闘争に道具として巻き込まれるのは当然だったろう（もちろん政治の軍国化が進むと軍内部の権力闘争にも巻き込まれた）。

これぞ天皇の「叡意《えいい》」と主張できる者こそ、自らの方針を貫くことができるのである。それゆえ、非常事態になると、天皇の身柄を確保しておきたいとの念に駆られる者も出た。

権力のない者は、天皇に対する影響力もない。それでもなお自らの政治的主張を貫徹したいという場合は、クーデターに打って出た。あるいはまた、自らの命を天皇のためになげうった。一九三〇年代に事件を起こした「皇道派」という超国家主義的将校の一団がその一例である。

天皇と戦争

果たして天皇は、戦争について、政治への決定的な影響力を行使し得たのかという問いは、しばしば提起されている。

しかしこの問いは、第二次世界大戦終戦前の日本の政治についての判断や、また人物としての昭和天皇の評価にとっては、あまり重要ではない。

政治、軍隊、宮中の各分野の首脳・幹部たちが、天皇の周辺で「皇道」のために務めを果たしていたこの国において、天皇が、周辺世界の外に出て思考し行動するためには、これら側近以外の独自の経路をもっていなければならなかったはずだ。

しかし、こうした閉じた情報空間に囚われていた者たちの中でも、天皇ほど身動きのとれない者はいなかったであろう。

長い間非公開とされてきた、占領軍GHQがまとめた天皇の聞き取り記録に残っている、「私は囚人に等しく無力だった」という天皇の発言がどの程度真実なのかということはもはや分からないが、少なくとも天皇の主観的な感覚が率直に表れているということはあるだろう。

それだけに、天皇が一度でも自身の希望を明確に表明し、政治決定に大きな影響を及ぼしたことがあるというのは注目すべきことだ。

すなわち、降伏か否かという、日本の危機的状況が極限に達したところで、天皇は（日本研究で知られる歴史学者ベン・アミ・シロニー言うところの）「神性と非力」という古来の組み合わせを解消し、宗教的なものに近い自らの立場を利用して、日本の降伏という決断を押し通したのである（軍内部では、そうした意思表明が公になるのを阻むべく、天皇を極秘の場所に移動させる計画があった）。

実際に政策決定にあたっていた少数の者たちも、日本の敗戦を受け入れるには、天皇の存在を必要としたのである。

GHQの葛藤

軍人に抵抗する形で下した天皇の決断があったからこそ、GHQ最高司令官ダグラス・マッカーサー元帥は本国政府に、天皇の地位の保証と、東京裁判での訴追見送りを進言することになったのかもしれない。

しかし、もう一つ、戦争に敗れた国民が、現人神であった天皇をどのような目で見ているのかということに、マッカーサー元帥が確信をもてないでいたことも大きい。

日本の占領下にあった太平洋の島々を奪い返し、沖縄戦を戦った経験から、米国は、日本軍の兵士たちが、「天皇の身代わりになって死ぬようにと命令されている」と考えていたのを目の当たりにしてきた。

兵士たちは、天皇に恥と屈辱を与えないよう、自害したり、あるいは現人神である天皇の忠実な臣民として、「勝つ義務を果たせなかった恥辱から守ってやる」との大義のもと民間人を殺害したり、彼らに自害を迫ったりしたのである。

占領軍は、仮に天皇を退位させたり、天皇に有罪判決が下されたり、あるいは死刑が執行されたりした場合に、日本軍の元兵士らや民間人が、戦線におけるのと同様な悲惨な状況を再び引き起こすかもしれない、と恐れたのである。

実際には後年の調査でこうした懸念が的を射たものではなかったと判明している。日本国民は、そのほとんどが、天皇のその後の運命について無関心であるか、何か感じていたとしても、せいぜいが同情程度であった。

また、天皇が戦争で果たした役割については、戦前戦中に流布されたそのイメージゆえ当然であろうが、多くの人々が「責任あり」と考えていた。

4 魔術的力の喪失――「人間」性の回復に向けて

変化してゆく皇室のあり方

天皇は政体・統治形態として他に類を見ないような成立過程・変化を遂げてきた。世界の宗教的・世俗的指導者や君主というものが、どのような様相と変化を見せ得るかを根本的に考察するためにも、大いに興味深い存在だ。

今日の天皇家の家系が、どのような経緯で並みいる氏族の頂点に立つに至ったのかは、いまだ解明されていない。だが歴史的記述を見ると、武力にものを言わせるだけではなく、有力氏族間ではある時点から共同で合意形成を行うようになったと考えられる。

しかし、それはどうやら、仕組みとしては壊れやすいものであったようで、武力での争いを維持していた下位の氏族が、やがて勢力を拡張することに成功したのだと見られる。

つまり、当初の天皇は、合意形成型の意思決定を調整・実現することで統治する指導者であった。そして時代が進むと、名目的な君主でありつつ、事実上の権力は封建君主たちに移っていった。

その歴史はまた、日本における自民族中心主義の初期形態が室町時代（一三三六〜一五七三）から江戸末期にかけて発展していった歴史でもある。

さらに維新期、天皇という存在は、近代化に伴う国内の対立や摩擦を緩和するのに一役買う独特の特徴を帯びることになった。

二十世紀に入ると、その新たな特徴は、ファシズムと戦争への社会的、民族的、宗教的正当化を支える力となった。

こうしたことを踏まえると、天皇制は二十一世紀にどのような形で存続してゆくだろうかという問いは一層興味深くなる。

天皇は、日本文化との根幹的な結びつきがとても強い。それゆえ、天皇が本質において不変の宗教的・文化的・政治的な存在であるというのは、たしかについ信じたくなるような説明だ。

あの「魔術的な力」は、周辺の世界で何が起こっていようともその力を保ち続けると、つい考えたくなる。

しかし、現実は違うのだ。次のような話をすればわかりやすいかもしれない。

二〇一三年、ＩＬＢＳ国際福祉協会（International Ladies for Benevolent Society）六十周年記念行事でのことである。

天皇・皇后が臨席することになっていて、出席者は全員着席し、主催者と来賓代表は入口で出迎えのため待機した。

天皇・皇后は到着後、出席者一人一人に挨拶した。おじぎをする日本人には気品をもって深くうなずき、外国人に対しては握手の手を差し伸べるという具合だ。

二人が会場のダンスフロアに足を踏み入れるやいなや、全員立ち上がって拍手を送り、二人が着席すると拍手はやんだ。宴もたけなわになると、いよいよダンスが始まった。

主催者は予《あらかじ》め宮内庁とともに全体の進行を分刻みで準備し、天皇・皇后と同じ時間に踊ることが許される出席者も決めてあった。もちろん天皇・皇后のほうでも、事前に説明を受けていた。フロアの約半分で天皇・皇后の二人が踊り、残り半分のフロアで三組のペアが踊った。

ダンスが終わると宮内庁の職員から、二人が三か月にわたり練習してこの会に臨んだと説明があった。退出のときがくると、出席者は再び起立して二人を拍手で見送り、関係者は玄関まで付き添い、見送った。

この催しは、たしかに各自の動きや進行が細かいところまで予め決められていたが、そこに居合わせた人間は、誰も重苦しい雰囲気や緊張などを感じている様子はなく、ましてや神を眼前にしているという雰囲気は明らかに皆無だった。

天皇・皇后は、親しみやすく控えめで、品格あふれ、出席者の人々は、敬意を感じながらもくつろいだ雰囲気だった。

普通の人々にとって天皇はどういう存在か

憲法問題の専門家である伊藤成彦は、このような場面について、人々が天皇と友人関係になりたいと思っている表れだという趣旨の発言をしている。

もし本当にそうであるならば、人々が「友人になりたい」と思うその対象は、どのような存在なのかに興味をひかれる。

普通の人々にとって天皇はどういう存在なのだろう。なぜ「友人になりたい」と思うのだろうか。その個人的人柄ゆえか。あるいは、この国において天皇が果たしている機能・役割ゆえなのだろうか。後者なのだとすれば、どのような機能・役割が最も重要と捉えられているのだろうか。

普通の日本人にとって、天皇のいない日本は想像可能なのだろうか。それとも逆に天皇の存在は、もはや日本人一人一人の存在の一部となっているのだろうか。

ただ、天皇が日本人一人一人の存在の一部だとしても、戦前戦中、天皇が個人の存在に及ぼしていた影響のあり方と現在のものは全く異なるものであろう。なにしろ、日本の国民は今日、コンサート会場やダンスフロアで天皇と出会う機会があるのである。

皇居の庭園へ天皇と皇族に手をふるために出向いたり、あるいは、天皇誕生日や新年の一般参賀に訪れたりする大勢の人々を動かしているのは、天皇のそばに行きたいという願いなのだろう。

そうした機会はほかにもある。たとえば、各界の選ばれた人々が集い（ある意味非常に天皇にふさわしい趣旨だが）、ともに庭園の美しさを愛でる園遊会、あるいは雅楽演奏会、皇太子の母校のオーケストラによるコンサート、さらにはその歴史を平安時代にまで遡ることのできる歌会始（これも大変重要な集いとして尊重されている）等のいずれもが、天皇という存在が「臣民」に畏怖の念を抱かせていた戦前戦中の時代からの、大きな変化を感じさせる。

オランダ王室に見る皇室の未来

世論調査では、七割近くもの人々が天皇に対する感情として、「尊敬」もしくは「好感」を選んでいる（ＮＨＫ第九回「日本人の意識」調査、二〇一三年）。なぜだろうか。

オランダ人作家アーノン・グリュンベルクはオランダ王室を、「憲法に規定されたパフォーマンス・アートにほかならない」と指摘した。現代芸術におけるパフォーマンス・アートにたとえるだけでなく、さらに「憲法に規定された」と付け加えたことで、君主制を徹底的に皮肉っている。つまり、君主制はもはや人々の娯楽のためのみにあり、国にとって本質的な重要性はなくなったと言っているのだ。

同様にオランダの日刊紙「ＮＲＣハンデルスブラード」はオランダ王室を「国家劇場」と呼んだ。

しかし、両者ともに、そうした「劇場」の必要性も示唆している。いずれにせよ、そこでは市民と君主とのつながりはゆるやかなもので、王権神授の時代、王の一声で死刑が執行された時代とは全く異なっている。

日本の国民が皇室に「親しみ」を感じるという現状も、こうしたゆるやかなつながりを表しているのではないだろうか。今後、国民と皇室の関係が向かう方向性は、現在のオランダが示している方向に近いのかもしれない。

好奇の目から守りつつ、好奇心を満たす宮内庁

日本のメディアによる皇室の取り上げ方は、英国のメディアによる王室の取り上げ方と似ている。

しかし、日本独特の状況を理解するのに重要なのは、宮内庁が天皇や皇室に関し、映像や写真集を作製する際の取り組みを見てみることだ。

基本的に天皇と皇室を一般の好奇の目から守るのが任務であるはずの宮内庁職員が、こうしたものの作製にあたっているというところが重要だ。

つまり天皇を好奇の目から守りつつも、同時に国民の好奇心を満足させるということをやってのけているのだが、これは天皇への配慮から来ているだけではない。天皇の特別な地位を守る一つのやり方なのである。

天皇の周辺による活動が、こうして二つの相反する方向性を同時に志向しているというあり方は、現在の天皇の地位と戦前戦中の地位の共通性として見ることもできる。

さらにこうしたあり方を見れば、天皇の役割を単に欧州の君主になぞらえて説明す

るだけでは不充分であるし、また歴史的、思想的、宗教的な起源をめぐる用語で説明するだけでも不充分であるということがわかるだろう。

天皇制の運命を決定づけた戦後の攻防

終戦後、天皇という制度は、今日のような「近代的」天皇制に即座に移行したわけではない。戦後、米国は天皇の役割を法的に制限しようと考え、日本政府は数か月間抵抗した。

結局日本政府とGHQは、政治的・社会的・経済的に不確かな時代の到来が予想される中、国民の統合を保っていくためには、天皇制の存続が必要であるということで一致した。

この決断は、明治維新前夜の状況と多くの点で似通っている。維新当時も国のリーダーたちは天皇の指導的役割なるものを前面に出した。

維新当時も、終戦後も、言わば上からの革命の遂行を控えて、その方針への国民の幅広い支持が必要とされた。国民の支持を獲得するために、天皇という存在に手助けを期待したのである。

ＧＨＱが、新憲法に民主主義の要素を盛り込もうと強く求めてきたとき、日本のリーダーたちは天皇の存在を、大日本帝国憲法に定められていたように「万世一系」の系譜を前提とする土台の上に続くものとして位置づけることを主張した。

ここで再び天皇は、国を統治するという行為によってではなく、その存在のみをもって君主たることを期待されたのである。

しかしその後、日米の複数の関係者たちによる作業の結果、一九四七年施行の新憲法の第一条には、「天皇は、日本国の象徴であり日本国民統合の象徴であつて、この地位は、主権の存する日本国民の総意に基く」と謳われることになった（ちなみに一度も改正を経ていないので今日もそのままである）。

それは、天皇制のその後の運命にとって、また戦後史にとって、決定的な局面であった。

象徴天皇制をめぐるさまざまな思惑

しかしながらこの条文の理屈は、明治憲法における天皇の地位を出発点に構築されているると言える。

すなわち一九四六年、天皇はこの日本国憲法を、帝国憲法の規定に従って公布したわけだ。これは厳密には、天皇が帝国憲法における役割において、新憲法の公布という形で国政の権威を国民の手にゆだねたということであり、権威をゆだねられた国民の側が、今度は天皇を国の象徴としたという理屈なのだ。

さらに言えば、日本国憲法公布の記念式典は、一八八九年の帝国憲法公布式典を範として挙行された。かつての帝国憲法公布式典も、天皇が統治権を将軍にゆだねた際の作法にのっとり執り行われたのだろうか。

伊藤成彦は、戦後日本ではさまざまな政治勢力間の歩み寄りが必要だったことから、天皇という制度を「象徴天皇制」として存続させることになったのだという。

つまり、日本の民主化を目指す占領国側と、日本の保守指導部の間で生まれた緊張だけでなく、日本の指導部と占領国側がともに、影響力拡大を目指す国内のリベラルで民主的な勢力と対峙する、という図式もあったということである。

ただ実際は、保守勢力も天皇の「象徴」という定義には有用な面もあると思っていた。というのもこれによって、当時国内で激しい議論の対象であった天皇の戦争責任から天皇を解放することができたからだ。

しかし戦後期の宰相吉田茂は、戦前日本の伝統を少しでも残したいとの思いをもっていたのだろう。天皇に対し自らを「臣茂」と称した。これは、当然天皇が「君」であることを、ひいては戦前戦中の君臣関係があることを想起させた。

また、一九四六年の年頭に発布され、天皇を現人神とするのは架空の観念と断じたあの有名な詔書「人間宣言」も、アンビバレントな書き方がされており、「民主的」な明治時代（一八六八〜一九一二）の政治を参照するよう暗に呼びかける内容で、宣言自体はその陰に隠れているといった始末だった。

他国元首と似て非なる存在

日本国憲法では、国の象徴としての天皇の役割には、一連の国家的機能が定められている。ただし、自律的な決定を行う権利は与えられておらず、国の代表としての諸諸の役割をこなすことが仕事だ。

これは君主国でよく見られるあり方だ。すなわち、天皇は国会を召集し、衆議院を解散し、法律、条約、および憲法改正を公布するといったことが任務なのだが、これらは常に内閣の「助言と承認」を受けて行うものとされている。

その任務にはまた、内閣総理大臣の任命並びに国務大臣や官吏の任免の認証も含まれるが、同様に「国会の指名に基いて」等の制約が設けられている。

そのほか、外国大使の信任状の奉呈を受け、勲章等栄典を授与するのもその任務だ。公務としてさらに、外国の元首・政府首脳等の要人を接遇したり、外国訪問を行ったりもしている。

こうした任務は、他国の立憲君主や大統領たち、通常は「国家元首」と称されている人々が担っている任務とほぼ同じものである。

ただ天皇の場合、言わば「カウンターパート」にあたる他国の元首と異なり、さらに担わなければならない任務がある。一般国民にほとんど意識されることなく、もしくは全く知られることすらなく、遂行されている――それは、祭祀である。

天皇が祭司として執り行う伝統的宗教的な神事は、戦後も変わらず続けられている。毎年、稲の苗を植え、育て、米を収穫し、新米を食す儀式をそれぞれ営んでいるのだ。重要な儀式は公にされている。たとえば即位後の「大嘗祭」がそれである。これらはみな、国家神道が廃止され、戦後憲法による政教分離が実施された今もなお、天皇が国と国民を守る守護神であるとの理解に基づく宗教的な儀式である。

先述した毎年の歌会始も、一般から寄せられた詠進歌から選ばれる優秀な歌などが宮中にて天皇の前で披講され、そのあと皇后の「御歌《みうた》」、最後に天皇の「御製《ぎょせい》」が披講されるという、伝統行事の一つである。

この行事に陪聴する人々もあまり認識していないだろうが、このような天皇とともに行う行事が、世界の秩序を回復し、平和を作ることにつながるという宗教的意識が根底にあるのである。

天皇にまつわる左派と右派

以上見てきたとおり天皇の任務には、現代風に表現すればプロトコール（儀典）的な務めと、伝統的宗教的な務めがある。

これに、現代的な国家元首像に基づく務めが加わる。オリンピックの開会式のような明るい行事もあれば、大災害の被災者との懇談といった、悲しい出来事のあとに人人を慰めるための活動もある。

また、先述のＩＬＢＳ国際福祉協会六十周年といった社交的な趣旨の行事もある。

天皇のこれらの務めは、終戦後、左派と右派の意見対立の争点となった。左派からしてみると、天皇は戦争責任ゆえに、民主的価値を象徴する務めを果たす資格はないと考えられたのである。

天皇への軽蔑の気持ちを表現するため、左派は昭和天皇をわざと「天ちゃん」と呼んだ。この呼称は一九八〇年代まで使われ、今日もなお一部で使われているようだ。

ただしこの語が使われるのはあくまで昭和天皇についてであり、現在の天皇は念頭に置かれていない。

左右双方とも互いに強硬かつ厳しい態度で対立し戦ってきたが、日本の国内政治への具体的な影響は見られなかったし、天皇という制度の廃止が、本気で検討されたことはなかった。

しかし他方で、戦後当初からナショナリストや保守、右派の側では、天皇がかつて国家元首として担っていた伝統的役割を回復させるよう強く求めていた。

ただし、彼らの言う伝統というのはもちろん実際には、明治時代になってから天皇の役割とされたに過ぎないような最近の伝統である。

5 民主主義の象徴か、日本例外主義の象徴か

建国記念の日をめぐる動き

日本には「建国記念の日」という祝日がある。十九世紀の明治維新後、当時の政府は、神話を引き、紀元前六六〇年二月十一日を日本が建国された日であるとした。『日本書紀』によるとその日が神武天皇即位の日だというのである。

しかしこのように国家神道と深く結びついた祝日であったことから、戦後は廃止された。一九六六年になり改めて国民の祝日に定められたものの、政府主催の式典は開催されなくなった。

だが、政府主催式典の実現を目指す団体が、独自の式典を続けている。二〇一三年の式典は、渋谷の簡素な建物で、控えめながらも品格ある装飾の施された舞台で執り

行われた。

まず団体の代表が主催者として千人以上の出席者を前に挨拶し、この日を国の行事として祝う伝統が戦後なくなってしまったことを遺憾としつつも、自民党が選挙で勝利を収めたことで今後への期待を表明した。

主催者挨拶のあとは出席者全員が起立し、国歌を斉唱した。政府からは、下村文部科学大臣（当時）が挨拶し、二〇一一年三月の東日本大震災において天皇は被災者に希望を与え、改めてその存在の素晴らしさが示されたと語った。

続けて、二千七百年近くの長きにわたり途切れることなく続いてきた皇統により、日本は世界で最も長い伝統文化を誇る国であり、それゆえ、政府主催で再びこの日を祝うべきだという趣旨の発言を行った。

大臣の次は自民党の代表が登壇し、若い世代に倫理と国を愛する心を根づかせる教育を確立し、これを通じ社会が直面する深刻な課題を解決することを目指していくとした。

続く登壇者たちも若者への教育に言及した。そして、実際に若者が登場した。大学生が、同世代を代表して祖国への忠誠を誓ったのである。締めくくりに団体代表の求めに応じ、出席者一同起立し、皇室の末永い繁栄を願う「万歳三唱」となった。

右と左を分かつ憲法改正論争

それから二か月後の四月二十八日、サンフランシスコ講和条約発効により日本が独立を回復してから六十一年の日、式典が行われた。この式典には天皇・皇后も、背景に日の丸が掲げられた舞台上で椅子に腰掛け出席した。

（当時の読売新聞の記述では）「未来志向」の式典として、当初一時間が予定されていた式典だったが、実際は四十分でさっと切り上げられた。反対勢力からの批判をできるだけ避けるためだったという。首相は慎重を期したのである。

ちょうど、首相が日本国憲法改正の意思を明確にしたばかりであった。憲法改正論議には、天皇を再び国家元首として位置づけるかという問題も含まれる。与党となった自民党は、憲法のいくつもの点を変えようとする独自改正案を出しており、同党案についても賛否の声が各種出ていた。

この式典で安倍首相は、それまでのあたかも旧憲法の諸要素の復活を思わせるような方針を転換し、「真の意味で国民自身が選びとる憲法が必要なのだ」という趣旨の主張をするようになった。「未来志向」と表現した読売新聞は、こうしたことも念頭に置いていたのかもしれない。

安倍首相はあるインタビューにおいて、現憲法は占領軍が作り、明治憲法は君主が定める欽定憲法だったので、日本国民は自分たち自身の手で民主的に憲法を作ったことがなく、その実現を目指したいという趣旨の発言をした。そしてその年の七月に予定されていた参議院議員選挙の中心的な公約として訴えると述べた。

安倍は、これによって言わば第二次世界大戦直後の対立を引き継ぐ形で、今日も右と左を分かつ対立の火ぶたを切ったのだ。アメリカによる占領の時代を不名誉と屈辱の時代と見るのか、それとも民主化と国際社会への復帰の時代と見るのかの対立である。

安倍は歴代首相より一歩踏み込んだ発言をした。しかし少なくともその字面を見ると、筋の通った主張である。それに現憲法も、天皇の地位は「国民の総意」に基づくとしているが、その「総意」すなわち国民の「意思」は一度たりともきちんとした手続きを踏んで確認されたことがない。

そもそも戦後最初の議会が招集されたときには、まだ新憲法の草案は提出されていなかった。それゆえ、戦後憲法も明治維新に続く二度目の「上からの革命」だったのである。日本の敗戦を受けて、この国の新たな舵取りを担った人々とＧＨＱが実現した革命だ。

とはいえ、こうして成立した憲法も、それ以降の積み重ねにより言わば間接的に民主的正当化の過程を経ているというのが、もう一方の政治的な主張である。議会による議決を経て成立したわけであり、さらに六十年以上、主権者である国民の代表たる国会が改正を一度も行わなかったことにより、正当性を付与してきたと言えるのだ。

世論調査を見ても、これまで何十年もの間、憲法改正や、天皇の地位の変更を希望する人々の割合は小さいままである。

「日本人」であるとはどういうことか

日本の歴史の近代的民主的な認識を修正し、天皇の役割をより伝統的なものにしようという考え方は、問題の本質に関わってくる。

過去においても何度も提起されてきた問い、すなわちそもそも「日本人」であるということはどういうことかという、その理解に関わっているということだ。

こういう近代・民主の認識の修正と伝統の復活という考え方をとる場合、新たな日本例外主義を比類ない形で体現する天皇像、つまり最近の定義であるにもかかわらず〝伝統的であること〟を標榜する天皇像へと行き着く。

これは新たな形態の「例外主義」である。かつてとはその土台を異にし、しかしそれでもなお「伝統」を引き合いに出している。天皇は、国の中核により深く据えられる。

建国記念の日のような、これほど明白に伝説の範疇の出来事にちなんだ日は、フィクションを祝っているということだ。宗教的な行事であればもちろんこの日を祝う根拠もあろう。宗教において信仰を支える神話は独自の性格をもつ。

しかし、関係者は誰も宗教的関連性を求めていない（もし求めているとすれば、宗教的に中立であるべき政府として、この日を祝うことはどのみちできないはずである）。

建国記念の日を祝う政府主催の式典開催を求める人々は、戦前戦中にあったような官立の祖国崇拝の復活を目指しているのであろう。

下村大臣は、政府主催式典開催の目的は、比類なき日本の国柄を支えていくことであるとし、日本の国柄が他に例を見ないのは、二千七百年近くに及ぶ万世一系の皇統だからだと述べていた。メタレベルで言い換えれば、日本の国体を表す存在だということだ。

下村の語りが日本の戦前戦中における国体をめぐる言説と似通っているのは偶然ではない。何しろ神道政治連盟（神政連）という団体の議員連盟で、安倍晋三をトップとする「神道政治連盟国会議員懇談会」の所属議員なのである。

ちなみに神政連の英語訳は「Shinto Association of Spiritual Leadership 精神的指導の神道協会」となっている。

この組織は皇国としての道徳的価値を取り戻すことを目指し活動している。下村も、天皇の役割の強化を標榜しているが、それはもちろん、天皇が独自に政治活動を行えるようにしようということでは全くない。二〇一三年の奉祝中央式典で学生が読み上げた決議文にも表れていたのだが、天皇を祖国の心と誇りのあくまで象徴として強化したいということだ。

天皇は再び国のための存在へと削ぎ落とされる。一人の人間としての実体をもたない、自らの意思をもたない、もしくはもっていてもそれを決して外に出してはならない、ただひたすらに歴史を超越した抽象的な存在へと削ぎ落とされるのだ。

新たな国体思想を求める人々

国のために在る。これは、十七世紀の天皇についての記述をもとにフロイトが述べた、臣民の犠牲となる存在を思い起こさせる。

天皇が何を象徴するのかというその中身は、かつてと同様、あくまで実質的な統治者によって決められるのである。つまり天皇は、「自称臣民」の道具に過ぎない。

下村や彼と同じように思考する人々にとって、建国記念の日を紀元前六六〇年に神武天皇が即位した日として政府主催の式典で祝うということは、彼ら自身の伝統主義的な信条を発信するための手段なのであろう。そうでもしなければこの信条が日本社会での影響力を失いかねない。

彼らは、日本の民族的アイデンティティの内容がいかなるものかを発信し、日本が唯一無二の国であるという主張を、異論を差し挟めないレベルにまで引き上げてしまおうと考えている。説明の必要性を迫られない形の正当化を試みているのである。

新たな国体思想になり得るような何かを打ち立てたいという彼らの関心は、果たして、かつて西洋植民地主義と帝国主義の脅威にさらされていたときのように、日本の独立や独自のアイデンティティが失われるかもしれないという不安ゆえに生まれたのだろうか。

つまり日本の未来への不安が原因となって、唯一無二の日本の国柄という例外主義的な思想が生み出されているのだろうか。

島国の場合、やはりこのような不安は大陸より強く感じられるのかもしれない。常に多数の近隣諸国に囲まれている大陸の国々は、自らのアイデンティティを守るという試練にさらされることが多く、その結果自分のアイデンティティをより確認しやすいということがある。

いずれにせよ、島国と大陸にはこうした違いがあるからこそ、一九七〇年代、八〇年代には、一般向け教養書や雑誌で、日本人の特殊性を見出そうとする「日本人論ブーム」が世界的に花開いたのであろう。

右でも左でもない国民の真意

終戦後数十年間、日本はアメリカ化してしまったと嘆く声も保守派から聞こえてきたが、これは日本が他に類を見ないような成長を、経済的にも個人の自由においても遂げた時期だったからだと言える。

同時に、日本のアイデンティティが大きく変化した時期でもあった。

日本がこの数十年間に身につけたアイデンティティは、地方ごとの特色ある伝統文化を破壊した明治維新に匹敵する新しさだった。

それでもなお日本には、極めて古いものも含む伝統的文化と、最新のものも含む現代の文化の融合が、自らのアイデンティティであるという自己理解がある。

それが今日の国のあり方であり、ほとんどの日本人がそれを受け入れている。

だからこそ、たとえば一九七〇年、天皇を中心とする日本の歴史・文化・伝統を守らんと、作家三島由紀夫がクーデター実行を呼びかけたとき、自衛隊員たちはこれを嘲笑し野次をとばしたのではなかろうか。

天皇の忠実なる臣下らは、以前は国家神道のイデオロギーにより支配の客体としての地位に甘んじていたが、今や自らが社会における積極的主体になったことを如実に示している。

「国体とは何か、真の理解を有しているのは自分たちだ」と自らを特権化するエリート層が支配する社会ではない。

この社会においては、もはや、伝統的地位として再構成された天皇のあり方を再び回復させたいと考えている人々は少数派でしかない。

では、現在の天皇制の廃止を求める勢力も、かつての状態の復活を求める勢力もともに弱いということであれば、国民はなぜこの本（第2部）の冒頭に紹介したような反応を、天皇や皇后、皇太子が姿を現したときに見せるのであろうか。

そうした反応や、天皇について一般国民が抱く尊敬の念と高い好感度を説明するのに、それが、社会の上層部や有名人をエンターテインメントやゴシップの対象とする、おなじみの大衆の欲望によるものだとするので充分なのだろうか。

6 天皇明仁のもとでの変化

神から人間へ

天皇の役割の変遷を理解することは有意義だが、天皇制の基本的な特徴の多くはすでに失われてしまっているのも事実だ。

まず第一に、天皇はもはや神ではない。これは、かつての天皇のあり方を復活させようとする人々ですら事実として受け入れている。

神でないということは、人々をひきつける魔力がその分足りなくなったということを意味するので、重要な点である。

非常時に天皇に向かって祈る人はもういないだろうし、無論日常において祈る対象でもない。そのようなことをして効験があるなどと思う日本人は一人もいないであろう。

今では一介の市民が天皇に顔を向けてもとがめられないし、天皇誕生日などの特別な日には、ごく普通の市民たちが、天皇を見に行くことができ、むしろそれは歓迎されてすらいる。直接天皇の身体に触れることも、全くあり得ないことではない。

さらに、天皇の神秘性を打ち破るハードルも、それがたとえ祭祀に関わることであっても、もはや高くはない。政府、そして宮内庁でさえそうした動きを後押ししている。

政府と宮内庁は、天皇の活動内容を決めるのに極めて重要な役割を果たすが、現天皇が即位したあとの儀式の際、秘儀を行うとされた空間の画像を、報道に対して公開したという経緯があるのだ。

その秘儀においては、物理的な交わり、場合によっては性的な交わりとも取りざたされるような、皇室の祖神天照大神との交信の一種が行われるという。

伝統的な役割の三つの変化

現天皇はもう一つ大きな変化を経ている。父親の昭和天皇とは異なり、米国に敗戦を喫した大日本帝国からの継続性を体現する存在ではないということだ。昭和天皇は、勝利の暁には世界全体の支配者に自らを引き上げていたであろう当時の政治のあり方を、少なくともかつて支持していた。だから戦後も、国体思想や皇道といった考え方から完全に距離をとることができなかったのも意外なことではない。

しかし現天皇の即位後、天皇制と聞いて戦前のイデオロギーを連想するようなつながりは弱くなった。それは即位後の役割がどういったものになるか、長年詳細な準備がなされてきたからでもあるが、終戦の年、現天皇がまだ十一歳であったことも一因だろう。

戦後は、外国人の家庭教師を迎えるなど、皇太子としての彼に対する教育内容も大きく変わり、それにより彼自身も変わった。その変化は即位後さらに大きく目に見えるようになった。

この変化が、どれだけ天皇自身の考えでもたらされたものなのか、それとも宮中あるいは政府サイドの助言者たちの考え方が反映されたものなのかはわからない。

しかし、現在の天皇のもとで、天皇の伝統的な役割が以下に掲げる三つの点において変化を遂げたのは明確である。

1　外国訪問

変化としてはまず外国訪問が大きかった。

現天皇の父の昭和天皇は、一九七一年に欧州を訪問、一九七五年には米国を訪問し、おそらく歴史上初めて異国の地を訪れた天皇であった。

しかし現天皇の場合、外国訪問を天皇としての主要な活動の一つに変え、言わば自らを日本の「顔」にしたのだ。実際の憲法において天皇の役割がどのように定義されているかにかかわらず、これだけでも、天皇が国際的に日本の国家元首と見なされるようになる要因として、充分大きな変化であった。

2　過去の克服

二つ目に、日本が過去をどう捉えているかを世界に示すという点について、現天皇の果たした役割は大きい。

戦後四半世紀の間、政治の指導者がこの点について非常に控えめな取り組みしか示さなかった理由は多くある。その取り組みの停滞に一層拍車をかけたのが、天皇制の存続であり、とりわけ、同じ人物が皇位にあり続けたという事実であろう。

さらに日本の国民は、アメリカの原爆投下によって、自らを戦争の被害者と見なす意識を強くもつことになったという点もある。

また、日本の近隣諸国において戦後数十年は、パートナーとしてやりとりできるような民主的な政府が誕生しなかったということも一因であろう。

これらすべての要因が重なったことで、日本との戦争により被害を受けたすべての関係国・地域と当初成立した和解において、日本側は、戦争犯罪に対する法律的な責任は別として、道義的な責任をわずかしか認めることがなかったのだと考えられる（アジア近隣諸国に対する最初の公的謝罪は、一九五七年、当時の総理大臣によってビルマならびにオーストラリア向けに行われた）。

しかし、一九八〇年代になると、日本と近隣諸国との関係を根本から改善するには、国家間の最も高いレベルで明確な発言と謝罪が行われる必要があるという認識が強まっていった。

とりわけ、韓国の民主化が実現したあと、韓国政府は、日本の象徴である天皇が、そうした意思表明を行う主体として、ほかのどの政府責任者にもまして適任であるという主張を行うようになる。ほかの責任者では、権威として充分ではないというのが理由である。

ただその実現は、昭和天皇の在位中は天皇自身の戦争への関与の関係から困難であった。一九七五年の米国訪問では、唯一、「私が深く悲しみとするあの不幸な戦争」という発言をし、一九八四年の韓国大統領との会見においても、同様の表現が用いられたに過ぎなかった。

それに対して、決定的な一歩は、一九八九年の現天皇の即位後すぐに行われた。翌年、韓国大統領の訪日があった折、まず、昭和天皇の表現を引用し「今世紀の一時期において、両国の間に不幸な過去が存したことは誠に遺憾であり、再び繰り返されてはならない」と述べた上で、これに続けて、「我が国によってもたらされたこの不幸な時期に、貴国の人々が味わわれた苦しみを思い、私は痛惜の念を禁じえません」と発言したのだ。

この発言は、謝罪を求める韓国側の意向を充分に満たす形で、同国政府との間で事前に合意が得られていた表現である。

その二年後、天皇は、中国を訪問し、やはり同様に得られていた事前合意に基づき、「両国の関係の永きにわたる歴史において、我が国が中国国民に対し多大の苦難を与えた不幸な一時期がありました。これは私の深く悲しみとするところであります」と述べた。

こうした発言のために、現天皇は（公然と天皇を批判することは許されないので、あくまで間接的批判だが）、左右双方の陣営からの強い批判にあった。

たとえば、ナショナリズム的傾向の強い右派国会議員でのちの東京都知事でもある石原慎太郎も、また、社会党や共産党も、天皇の振る舞いは「政治的」であり、憲法にそぐわないものであるという趣旨の批判を行った。

ここにおいては、天皇の役割として何が許されるのかということについての精密な議論、また、長きにわたる政治的抑制の伝統を離れるような発言を行った意義への理解の両方が、明らかに欠けているように思われる。

しかしこれは、前もって熟慮した上での天皇の行動だったようだ。どこまで政府や宮内庁の助言者の意向が働いているのかは、確認できない。

ただ韓国と中国に向けた天皇のこの発言は、日本の戦争犯罪を否定してきた政治家たちの発言とは質的に大きく異なるものだったことは確かだ。

このような形で、天皇は、北東アジアの近隣諸国との関係正常化を円滑化し、もって、戦後日本の外交的成果実現に向け大きな貢献を果たしたのである。

3　開かれた皇室へ

天皇としての伝統的な役割から、現天皇が前進を果たした分野として、最後に挙げたいのが、皇室を国民に対し開かれたものにするという取り組みである。

一九八九年の即位ののち、国民に近い皇室でありたい旨、その希望を明らかにした。

だからといってこれを、最近のスカンジナビアのように国民と親しく交わる君主というようなあり方を求めたもの、あるいは、イギリス女王のような公の場に限っての大きい存在感を求めたものと理解すべきではない。

一九九五年の阪神・淡路大震災、二〇〇四年の新潟県中越地震、そして二〇一一年の東日本大震災のあと、それぞれ皇后とともに被災者を見舞った際、同じ目線に立つために彼らのそばにひざまずき、彼らと語るその姿は、つらい状況に置かれたごく普通の人々の気持ちに寄り添おうとする気持ちの表れであると解釈された。

こうした皇室の開かれ方は、大きな制約がある中、それでも意識的に進められている天皇のあり方の新たな特徴である。

日本の戦前の指導者たちは、神格化された天皇を、（維新直前のごく短い時期の例外を除いて）何世紀にもわたってそうであり続けてきたように、できるだけ国民から遠ざけた場に置くことを望んだ。

昭和天皇は終戦後、戦災を受けた国内をめぐり、国民との交流を図った。しかし、国民はその努力に親しみこそ感じていたものの、その活動にはぎこちなさが残ったたままであった。

それに対して現天皇は、皇太子時代の多数の外国訪問などを通じて、準備と実施をしっかりと行えば、皇室に対する一般の関心を通じて自らの行動から大きな成果が得られるとはっきり認識するに至った。

とりわけ、上流家庭ではあるものの一般市民出身の美智子妃との結婚が一九五八年に決まった際には、国民の間に広く大きな喜びと関心がわきあがり、一九五九年の成婚にあたっては、大ブームが起きるという経験をしていた。

すでに一九五四年、保守思想家である里見岸雄は、「民主主義が現代の国体」となっている状況に強い反発を示していたが、ほかならぬその変化が、現天皇のもとで新たな水準に達したのである。

玉音放送以来となる「おことば」の重み

今日、天皇と皇室は、国民への「近さ」を見事な形で示している。今でも日本人が天皇、皇后、もしくは皇太子に紹介される場面では、その場の空気が緊張感に満たされるのは確かだ。しかし、それは戦前の天皇が、臣下である国民を検分するために彼らに視線を注ぐような場面にあった緊張感とは比べようもない。

また、天皇と天皇に紹介された国民との間で会話が始まるやいなや、緊張はほぐれ、国民は天皇から個人として扱われることの嬉しさや感謝の気持ちで満たされるのだ。

こうした、国民に近い存在を意識的に心がけるあり方は、二〇一一年三月十一日の東日本大震災後に最も顕著に見られたと言えよう。

天皇は、「おことば」と呼ばれる従来の手段を用い、格式ある皇室の言葉で、国民を慰めるために直接語りかけた。

このように直接メディアを通じて国民に語りかけるのは、一九四五年、昭和天皇がラジオを通じ、国民に日本の降伏を伝え、「堪え難きを堪え、忍び難きを忍」んでほしいと求めたあの玉音放送以来である。そのため、広報的効果を考えた政府による配慮も加わり、「おことば」の重みが一層増したと言えよう。

天皇はまた、二〇一二年の歌会始において、震災の犠牲者を思い次のような歌を詠んだ。

津波来《こ》し時の岸辺は如何なりしと見下ろす海は青く静まる

世界的に進む君主制の陳腐化

国民に向けて開かれた皇室という方向性が、皇室も宮内庁も意図していなかったほど広範囲に及び、その範囲を広げ続けなければならなくなるという懸念はあるかもしれない。

また、皇室といえども、近代そしてポスト近代の社会や、文化におけるスピードの速い変化の影響を全く受けないというわけにはいかない。事実、今日欧州で君主の座にある人々はみな、それぞれの社会の価値観・道徳観の変化とともに変わってきている。

その結果、自分たちの制度を伝統的な形で代表するあり方より、それぞれ感情や欲求をもつ個人として行動するあり方を志向する傾向が強まっており、そうした自分たちの欲求をあえて隠すこともしないのだ。

彼らは、旧習に従わない権利を求めはじめているのだ（旧習を無視する権利は、かつて領土を専制的に支配していた君主らが当然の特権として行使していたわけだが、フランス革命以降、伝統・習慣の無視は君主国にそぐわないと考えられるようになった）。

こうなると、たとえいまだ君主としての称号を「神から授かる」という体裁をとっていたとしても、君主制がもつオーラや威厳が一部失われることも避けられない。

つまり、彼らは人々に「より近く寄り添う」存在となるだけでなく、自分たち自身が普通の人々と「同じような」存在へと変質してきているのである。欧州では、啓蒙期に始まったこの君主制の陳腐化というプロセスが、今なお進行中である。

7　二十一世紀の天皇——陳腐化と再定義

「国民と共にある」ことと尊厳のバランス

陳腐化のプロセスは、日本の天皇制においても始まっているのが見てとれる。すでに述べたとおり、一九八九年から一九九〇年、天皇即位にあたり行われた一連の儀式では、メディアがその場に臨むことが許された。

宮内庁は、一般市民がその場に居合わせることはさせなかったものの、近代日本史研究で知られるタカシ・フジタニが「電子メディア時代のページェント」と呼んだように、言わば人々をメディア経由で一連の行事に立ち会わせたのである。

天皇の助言者たちは、テレビ越しに一大スペクタクルを見せることのほうが、昔から秘密にされてきた祭祀を一般の目から隠し続けることより重要であると考えたのだ。

昭和天皇が一九八八年から一九八九年にかけ重体になったときや、皇太子・皇太子妃夫妻が新天皇・皇后として皇居にはいったときも、日本のテレビはNHKを含めて次々と映像を流した。その映像は、必ずしも関係者一人一人の尊厳や伝統儀式を尊重するものばかりではなかった。

政治学者の松下圭一が「大衆天皇制」と呼んだこうした天皇家への関心は、説明も正当化も可能だろう。

天皇は、「国民と共にある」ことを目指しており、それゆえ宮内庁は、人々の求めに応えようとする。その結果日本においても陳腐化の過程が進むことにつながり、欧州の王室の状況に、より似通ってくる。この過程は社会の近代化と並行し、かつまたその進捗度に応じて進んでいく。

覗き見される皇室の女性たち

メディア報道によれば、皇后美智子は二〇〇〇年代中ごろの一時期、強い心的ストレスに苦しんだという。

平民出身であることが関係したストレスであったらしい（たとえば、学生のときのように気軽に本屋で本を手にとるといった自由の欠如）。自由への欲求はもちろん抑えるほかなく、抑圧された感情が、慢性的な悲しみ・不安となり皇后を悩ませたという。

だが、メディアの注目をより集めたのは皇太子妃雅子だ。結婚前は、人生を謳歌する若いエリート外交官としてメディアに取り上げられていた皇太子妃雅子だったが、皇太子との結婚後間もなくうつ状態に陥った。

メディアはその病について、細大漏らさず報道した。原因について、結婚後すぐに出産しなかったことで姑である皇后の機嫌を損ねたからではないか、とか、愛子内親王を甘やかしすぎたことによるのではないか、といった憶測による報道を続けた。

こうしたゴシップは、もちろん読者を面白がらせるために掲載される。ほかにも、雅子妃の活動を決める皇室のルールや、職員から受ける心理的プレッシャーなどについても事細かに報じられる。そうした報道によると、雅子妃は自らを縛る制約に耐えきれず、娘の世話や教育に逃避したり、さらに深いうつ状態に陥ったりしているという。

このような状況と、皇室の人ももっと人生を楽しみたいはずだという憶測は一般の目に、人間的な悩みをもつ皇室としてうつるとともに、覗き見主義的な好奇心も満たしてくれる。つまりここでも陳腐化が進み、欧州の王室の状態によく似てきているのである。

こうした「近代化」にともなう特別なプロセスである陳腐化は今後も続くと見られる。そうであるならば、皇室の人々は、自分たちの生活を縛っている取り決めや儀式に今後も耐えていかなければならず、他方で、自分たちがエンターテインメントメディアの「商品」としていかに消費されているかを見続けなければならないのだろうか。

政府の監督のもと、お役所気質が色濃い宮内庁がお膳立てをする教育を受け、同庁の規制下に常に置かれている毎日。生まれたときからそうした個人的自由のない環境に置かれている人であれば、その運命と義務を受け入れる素地も作られるかもしれない。私たち一般市民にとっては耐え難い生活でも、教育によって慣れることはできるだろう。ただし、民間出身の結婚相手はそうはいかない。変化は彼らから起こることだろう。

皇室の人にとって、学術や芸術分野への関心を追求できるというのはせめてもの救いではある。たとえば、現天皇は、魚類学者として評価を受けているし、皇后と天皇はともに楽器の演奏に親しんでいる。

しかし、一般大衆が、自分たちの「象徴」である人々の生活や心の中を、さらに多く知りたい、覗いてみたいと欲求を強めていく場合、宮内庁もそうした要求への対処にますます困難を感じる中、今後皇室はどうなっていくのだろうか。

また、伝統が今よりも重んじられていた時代でもすでに、美智子妃や雅子妃が適応に困難を感じていたわけであるが、今後皇族と結婚する一般人はどうなるのであろうか。発言の自由が与えられず、一般人には全く想像もできないような制約のもと生活せざるを得ない「象徴」としての立場を、受け入れていくのであろうか。

二十一世紀の天皇制はどうなってゆくか

現天皇のもとで起こった三つの変化を先に見てきたが、これらを見ると、変化を繰り返しつつ千年以上続いてきた天皇制の歴史の中でも、真の意味で革命と言えるような事態、あるいは日本研究者のルオフが部分的再定義（partial reinvention）と呼んでいるような事態が進んでいるように思われる。

今日、皇位についている当事者が、天皇制の変化に相当程度影響を及ぼすことができるというのは明らかだろう。そしてこれらはすべて、天皇自身と皇族の生活にはねかえってくる。

ここから推論し、二十一世紀において天皇自身と天皇制が果たし得る政治的役割がどうなるかを読み取ることができるのではないか。とりわけ、現天皇が自らの活動内容を部分的にでも自ら作り上げてきたことで、天皇という制度にもう一つの革命を起こしたと言えるだけに、なおさらである。

現天皇が、自らの役割を作り変えていくことに積極的だったことを類推させるような話は、宮内庁周辺からも繰り返し聞こえてくる。天皇が自らの政治的役割の定義に関与できたということは、伝統主義者から見ればあり得ない話だとしても、実際はあり得るのである。

だからといってそれは、天皇という制度それ自体が危機にさらされるということにはならない。日本学者のエルンスト・ロコバントも強調しているとおり、天皇という存在は、今なおその宗教的な役割に大きく依存しているからである。天皇は「祭祀の王」なのである。

たとえ、神事が一般にはほとんど知られていなくとも、またそれが正面から議論の対象になったことはなくとも、さらには、実際のところ百年少し前に再構成されただけの代物について、何百年もの歴史を継承しているという強弁が展開されているだけであっても、それでもなお神道の祭祀は天皇の役割の土台を成している。

おそらく、現天皇が自らその役目に加えた新たな変化と同様、末永く重要な要素であり続けるだろう。

国民が望む皇室のあり方

現天皇が体現している変化を見れば、逆に伝統主義者たちの姿勢の説明がつく。これらの変化が進んだからこそ、伝統主義者たちは、戦前戦中の要素を復活させることを重視するのである。だがこれらの変化が進むほどに、かつての要素の復活は不可能になる。

日本の世論の八割と、伝統主義者たちの間で重なる部分があるとすれば、それは憲法において天皇を規定する「象徴」という語の使用のみにとどまるであろう。建国記念の日の挨拶で下村大臣は、その実、無念の思いを暗に述べていたのかもしれない。それどころか、伝統主義者にとってのあるべき姿から天皇を遠ざける、脱神聖化の過程に対する怒りか失望か――そうした思いも込められていたのかもしれない。

戦後、繰り返し実施されてきた世論調査の結果を振り返ると、民意は明確である。終戦直後すでに、回答者の八五％が「象徴」天皇制を支持し（一九四六年、毎日新聞の調査）、今日でもその割合は八二％（二〇〇九年、NHKの調査）と、依然大多数だ。

二〇〇九年の即位二十年を機にNHKが実施した詳細な「皇室に関する意識調査」では、回答者の七〇％が、皇室に対し「関心がある」とし、六二％が「親しみを感じる」とした。

さらに、国民と近い皇室でありたいという、自身が目指すところを天皇は実現しているかについて、六二%が国民と「近くなった」と答えている。とりわけ年配の世代において近くなったと感じる人が多く、性別では女性にその傾向が若干強い。

同調査では同時に、天皇制への支持は、天皇制への政治的な関心の大きさを示しているわけではないことも示された。天皇制は人々にとって魅力のある制度でも、他方において、政治的テーマについての人々の意見を大きく左右するものではないのである。

天皇は何を〝象徴〟しているのか

このように、天皇は、憲法第一条の規定によってのみならず、多くの国民がもつ近代的天皇像を体現しているという意味においても、実際に国の象徴であると言えるだろう。

同時に国民は、現天皇がもたらした三つの大きな変化も認めている。ひいては、戦争中の日本の行為に関するすぐれて政治的な謝罪を含めたこれら大幅な変化を、天皇自身が起こすことができると国民は認めているのである。

それでは正確に〝象徴〟の中身を表現するとしたら、何だと言えるのだろうか。「日本」という答えは、表面をなでるだけだ。

ドイツで『古事記』を翻訳した日本研究者クラウス・アントーニは天皇について、「日本の精神的本質の具現化・肉体化」という説明を提示しているが、こちらのほうは、それではその「本質」をどう定義するかという循環論に陥ってしまう。

そうではなく、日本国民の大多数が天皇を日本の象徴としたいと欲しているのであり、この事実と、「国家元首とはそもそも国民を統合する既存の文化的枠組みにぴったり嵌まることで正統であると認知される」という命題（クリフォード・ギアツ）とを結びつければ、答えはより容易になる。

ここで残る問題は、いかにして、人および機能としての天皇を除外した上で、さまざまな文化的伝統のみによって日本の「文化」の性格を捉えるかである。

日本の伝統社会並びに現代社会においては、洗練された宮廷文化が理想や模範として位置づけられてきているところがある。この文化モデルは、明治維新によって社会全体に、かつての多様な民俗伝統の垣根を超えて広がり、均質化の一端を担った。であるからこそ、三島由紀夫が天皇について「文化概念としての天皇」と言ったのは、あながち外れてはいないのである。

しかし、今日の「日本文化」において、日本の伝統的ハイカルチャーは、支配的要素とは言えないし、まして唯一の要素でももちろんない。「日本文化」は、他の先進的で多元的な民主社会における文化と同様、多数の要素が組み合わさった複合的かつ流動的な統合体なのだ。

「日本」を象徴するようなキーワードは確かにいくつかある。たとえば、日本を神話化したり、また唯一無二だとするような想像の罠に陥ることを避けつつも、日本社会が「伝統」への高い評価を特徴としているということは確かに言えるだろう。また日本は技術親和性が高いというのも同様だろう。

自分についても相手についても、公衆の前では体面を保つことを重んじるというのは、日本の社会的合意の一部だし、また、公私にわたり特定の行動ルールを守り（ときとして無理にでも守らせ）たがる傾向が強いというのも同様だ。

コンセンサス志向、遠慮深さ、共同体に対する責任、快楽主義、遊び心、教育、芸術といった要素も、日本社会における評価が高い要素である。

これらはことごとく、文化的観点から捉えた極めて曖昧な領域にある。だからこそ、象徴としての天皇を支持する八〇％の回答者たちも、ここで示したような基本的要素を、日本の文化に特徴的なものとして捉えてくれるのではないかと、やはり極めて曖昧な形ではあるが推測することができる。

これには、日本文化の最近の変化や、陳腐化の傾向も含むことができるであろう。こうした日本社会の（ポスト）近代的な傾向は、たとえば、なぜ回答者の大多数が、明治維新で大日本帝国憲法に導入された、皇位は男系男子が継承するという規定の要請に反対しているかの説明にもなろう。

日本文化の表出としての天皇

こうした意味で、近代の天皇は、日本文化の精髄を体現する存在ではないが、だからといってオランダの日刊紙「ＮＲＣハンデルスブラード」が同国の王室について使った「国家劇場」という形容は、日本の皇室についてはいまだに全くあてはまらないと言える。

天皇の場合、むしろ、今現在の日本の文化を表している存在として見るべきであろう。

そのように見れば、天皇は、能や浮世絵等、過去の名残を含む日本文化の主要な要素、また、アニメ、パチンコ、ソーシャルメディア等の現代の文化社会現象と同様、現代日本のアイデンティティを支えてくれる存在なのである。

そして正にここに、天皇と日本文化の間にあった過去の関係との大きな相違が認められる。

天皇という制度は明治維新までの間、古代における政治の中心的位置づけから江戸末期のような周縁的な位置づけへと大きく揺れた。しかし維新を経て、国の統合と近代化を目的に、その基本的要素は新たに構築され直した。

その後、第二次世界大戦終戦までの天皇は、政治が作り上げたものだったわけであり、そういう意味では政治が作り上げた天皇のあり方が、日本社会と日本文化に無理やり押し付けられていたも同然なのだ。

今日の天皇を、そうしたあり方とは異なり、戦後何十年にもわたり新たな発展を遂げてきた日本文化の表出と見なすのであれば、天皇にアイデンティティを見出す人が多いのもうなずけるであろう。

明治以来、最も天皇らしい現天皇

戦後は、戦前戦中と全く比較にならないほど、天皇の政治利用がほとんど行われなくなった。

その役割と機能に、明確な方向性をもつ新たな内容が加わったのは、現天皇になってからの変化だと言える。

これは、日本文化の枠内での新たな正当性の獲得につながるとともに、新たな形の大衆による天皇制支持につながった。

二〇一二年八月に韓国大統領が、「韓国が天皇の訪問を歓迎できるように、改めて戦争について謝罪をすべき」という趣旨の発言を行ったときに、多くの日本人が自分に対する攻撃のように気分を害したという経緯も、こうした状況を踏まえて見る必要がある。

日本の世論では、この発言が日本政府にではなく、現天皇個人に向けられたものと捉え、反発したのである。

日本の非常に基本的な文化的特色を表す存在として、現天皇はこれまでで最も明確に国を象徴していると言えるかもしれない。

最初の天皇は神話であるし、万世一系は創作である。国家神道は、この国の複数の宗教に変更と操作を加えることで生み出された。かつての天皇は、愛国主義的崇拝の中心に意図的に据えられたということはあっても、真の意味で日本を象徴したり、国体を象徴したりはしていなかった。

この意図的操作は、日本の近代化を円滑に進めるために行われた。そして今や、目標であった近代化は成し遂げられた。

今日の天皇はもはや、創作された神話における存在ではない。かつての「臣下」である国民にこれまでになく近づいた、文字通り国民に「近い存在」なのである。

その「温かくファジーな平成の皇室」（ルオフ）をもって、開かれた、民主的でポスト近代の社会を体現している。そしてそれにより、曽祖父・明治天皇が維新によって帝国の近代化を押し進めて以来、現天皇は、どの先帝にも増して天皇らしい天皇であると言えるであろう。

あとがき

天皇制の理論的・実践的位置づけは、国内の権力構造の変化によって、あるいは社会における宗教のあり方や政治理論によって変化してきた。

天皇制は、何百年もの歳月を通じて、その時々の国や統治機構のあり方に大きな影響を与える形で日本の文化・社会の一部を形成してきたのだ。

とはいえ、九世紀から十九世紀にかけての期間は積極的な役割を果たす力はなかった。それに対して、今日の天皇は、日本の現状に影響を与えるような役割を果たしている。

すなわち、多元的で、個々人の居場所のある社会の多様性を体現する存在である限りにおいて、また、現代日本の文化・社会をその身に取り込んだ存在である限りにおいて、そうした役割を果たしているのである。

その結果、イデオロギーとしての伝統は、かろうじてその余韻が感じられる程度まで希薄化しており、その伝統の意義を政治的現実に生かそうと求めるのは、社会のごく少数の人々でしかない。

彼らは、こうした伝統こそ、日本の政治と社会が真に求める対象だと考えるが、社会の多数派は、そのようなことなど考えていない。

二十一世紀の天皇は、もはや、美徳・道徳を映し出す想像上の模範像ではない。また、政治文化の正当性を担保する存在でもない。父・裕仁が占めていた戦前における天皇の地位の再構築を、現天皇に押し付けることなどできない。

たとえ、日本社会の保守ナショナリスト勢力が、天皇の地位を反動的な形で定義しようとしても、そしてたとえ、昭和天皇や、歴代天皇でも見られたように、現天皇についても自分たちの道具とすべくその地位の形式的強化を図ったとしても、現天皇は、戦前的な天皇の役割から、いやそれどころかいずれは祭祀としての役割からも、否応なく離れていくことになるだろう。

ごく初期の時代においてすら天皇という存在は、一般に信じられているよりも、あるいはその時々の支配的イデオロギーが行う主張よりも強く、天皇を取り囲む環境の産物という側面をもっていた。

これは、今日も同じである。今日の日本社会は、他国同様、いかにも現代社会らしく通俗的で、人間的で、民主的で、開放的で、自己中心的で、無思想な社会である。であるからこそ、さまざまな機能を担う天皇も、じつは自身の権利をもつ一個人としての側面が強まっているということを、この社会も充分理解できるのである。

二十一世紀の天皇は、いまだ日本の文化・社会の「例外主義的」要素であり続けているかもしれない。しかしむしろ、「特別」な要素という程度に落ち着いているだろう。

そしてそれは、特定の人々にとっては魅惑的であるに相違ない、時代遅れの「例外主義的」イデオロギーという意味で「特別な政治的性格をもつ」ということではない。

天皇は、現代社会の移ろいを反映し、自らも変化を続ける存在である。つまり、過去の時代から引き継いだ要素を守りつつ、今の社会の民主的な変化も反映している。他の日本文化の伝統・遺産の一要素であることで、逆に現代日本、そしてこの国の歴史やルーツを守っているのである。

この制度が生き残っている力を考えれば、今後も長きにわたりこのことに変化はないだろう。

二十一世紀の天皇制は、日本の文化・社会と伝統の最重要の担い手の一つであり続ける。しかし同時に、もはやそれ以上の存在でもないのである。

おわりに　フォルカー・シュタンツェル

『源氏物語』では、天皇の退位が何度も語られています。それゆえ、複数の「元天皇」が並存し、お互い友好的な関係にあるという話も出てきます。そして物語内での退位は、自分の時間をもっと好きなように使いたいといった、時として極めて世俗的理由からなされています。

たとえば『源氏物語』第三十五帖「若菜 下」には、帝が「心やすく、思ふ人々にも対面し、わたくしざまに心をやりて、のどかに過ぎまほしくなむ〈(譲位して)気安く、親しい人々にも会って、私人として楽しい生活がしてみたい〉」とよく言っていたというくだりがあります。

『源氏物語』は今から千年以上も前、天皇制が日本で確立してからまだ数百年の時期に書かれた作品です。つまり、万世一系が確立した当初の現実を如実に映し出していると考えてよいでしょう。

こうした古の世界を描いた物語が記憶にあっただけに、二〇一六年の日本で行われていた議論において、天皇退位の法律的条件を巡って出されていた多くの主張が、私には理解できませんでした。

自分の国の元首が自らの人生について決断を下そうとしているとき、その自由を刈り込もうとする、そんな権利が法律家たちにあるのか。過去においてそのようなことはしなかったのに、二十一世紀の今になってなぜするのか。

法律論だけではありません。天皇を巡る文化哲学的な議論についても同じ疑問を覚えます。このような私ですから、渡部氏もおそらく説明に難儀を感じられたのではないでしょうか。

しかし、氏が亡くなられる直前に行われたこの対談では、ほかの点で多くの認識や刺激を得ることになりました。たとえば以下のようなものです。

・人々にとって神話や言い伝えが持つ意味について。

日本の場合、『古事記』にまとめられている物語は、奈良時代以前の日本の歴史と深く結びついている。つまり、当時のある特定の政治的目的のもとに書かれた物語だということだ。渡部氏が指摘したとおり、似たような事例は古代ローマなどほかにもある。しかし、そうしたものの中で今日まで続いている王朝の系統は確かに日本にしかない。ここで問いたいのは、こうした物語に今日社会的な重要性がどれほどあるのかということである。

・神々（カミ）がどのような存在であるかという理解について。
もちろんこれは、天皇という存在をどのように理解するかを大きく左右する。

・天皇と普通の日本人との関係について。
私にとって一番興味深いのは、天皇が存在することにより、果たして日本人の人生や生活が（ほかの文化圏の人間の人生や生活と）必然的に異なっているのかという点だ。

・天皇と政治の関係について。
天皇を、政治の外側に位置づけなければならないとしながら、同時に、天皇の存在の絶対的肯定を、政治に対して要求する政治的言説に矛盾を感じる。


そしてもちろん、今日における国体という概念がもつ意味についてです。

この言葉の近代になってからの意味は、会沢正志斎が著した『新論』で確立されました。当時、この概念は自らを守るための概念でした。しかし明治から昭和にかけ、この語は急速に当初と異なる攻撃的な意味をもつようになっていきました。西洋列強と同様に、自らも帝国主義的かつ植民地主義的に振る舞いはじめた当時の日本の政策を、イデオロギー面から正当化する目的以外は、もはやなかったのです。

それでは、今この言葉はどのような意味に捉えればよいのでしょうか。どうすれば、政治学的な議論で有益かつ啓蒙的な形で用いることができるでしょうか。いやそもそも、会沢のように他の国々についても使えるような用語として用をなすでしょうか。それとも日本以外には使えない表現にとどまるのでしょうか。

このように、私にとっては国体という語を巡っての議論が一番重要だったのですが、渡部氏との対談は他の多くの興味深い観点へと広がっていきました。この対談から、読者の方々はそれぞれの結論へと至ることでしょう。私と同様、渡部氏との対談から多くのものを得られることを願ってやみません。

第2部のタイトルである天皇が「時を超え」る（『Aus der Zeit gefallen』）とは、天皇制が一方では時代ごとの政治環境に適応しながらも、他方では、今より良かった（とされる）はるか過去の時代の伝統を象徴する存在であり続けた、という意味を込めた言い回しです。

だからこそ天皇は、人々の思い入れや憧憬を自らに引き寄せてきたのですが、そうすることで逆に各時代の権力の手段として用いられてきました。

伝統と政治的アクチュアリティーとの間に横たわるこの緊張関係に、私は常に多大な関心を抱いてきました。それが、人類の歴史の中でも極めて独特な、この文化的遺産について、重要ないくつかの問いの答えを探ろうとした理由です。

小川侃《ただし》氏、美濃口《みのぐち》坦《たん》氏のお二人は、何十年も前に京都で、この極めて魅力的なテーマにとりかかる契機を与えてくださいました。心からの感謝を捧げます。また、この数年、作業を続けるよう多くの人々が叱咤激励してくださったのですが、ここではとりわけ磯貝《いそがい》喜兵衛《きへい》氏、山形佳充《よしみつ》氏、南哲行《のりゆき》氏、坪倉晃氏の名前を挙げます。

ドイツでは、博士論文の指導教授であった故ゲザ・ドムブラディー氏、そして神道と天皇制に造詣の深いエルンスト・ロコバント氏にお礼申し上げます。天皇制についてのささやかな小論（第２部）をドイツで出版する機会を与えてくれた、公益社団法人オーアーゲー・ドイツ東洋文化研究協会（ＯＡＧ）ならびにユディツィウム出版に感謝します。

本書の実現にご尽力くださった故渡部昇一氏はもちろんのこと、ご遺族ならびに関係者各位に厚くお礼申し上げます。本来ドイツの読者向けに書かれたものを日本語で出版するという勇気ある決断をしてくださった幻冬舎、とりわけ担当してくださった前田香織氏には感謝の言葉もありません。また田口絵美氏には通訳と翻訳の労をとってくれたことに感謝します。

何よりも、ひるまずにこの本を手にとってくださった読者の方々に心より感謝いたします。

渡部昇一
わたなべ・しょういち

1930年、山形県生まれ。上智大学大学院修士課程修了。ドイツ・ミュンスター大学、イギリス・オックスフォード大学留学。Dr.phil.(1958)、Dr.phil.h.c.(1994)。上智大学教授を経て、同大学名誉教授。その間、フルブライト教授としてアメリカの4州6大学で講義。専門の英語学だけでなく、歴史、哲学、人生論など、幅広く執筆。76年第24回日本エッセイスト・クラブ賞受賞。85年第1回正論大賞受賞。2017年4月逝去。享年86。英語学・言語学に関する専門書のほか、『皇室はなぜ尊いのか』『決定版　日本人論』『知的生活の方法』『渡部昇一「日本の歴史」』(全8巻)など著書多数。

Dr. Volker Stanzel
フォルカー・シュタンツェル

1948年、ドイツ・クロンベルク(フランクフルト近郊)生まれ。フランクフルト大学で日本学、中国学、政治学を専攻。72～75年京都大学留学。80年ケルン大学にて哲学博士号取得。79年ドイツ外務省入省。82～85年在日ドイツ大使館勤務。駐中国大使、本省政務総局長などを経て2009年12月～13年10月駐日ドイツ大使。退官後は、米国カリフォルニア大学サンタクルーズ校、ベルリン自由大学や獨協大学にて教鞭を執る。合気道二段。
著作物：『ドイツ大使も納得した、日本が世界で愛される理由』『Japan: Haupt der Erde』『Im Wind des Wandels』『Chinas Außenpolitik』『Aus der Zeit gefallen:Der Tenno im 21. Jahrhundert』

装丁　多田和博
写真（カバー・本文）　南浦護
編集協力　㈱アイ・ティ・コム
通訳　田口絵美
本文デザイン・DTP　美創

渡部先生、日本人にとって
天皇はどういう存在ですか?

2017年10月25日　第1刷発行

著　者　渡部昇一
　　　　フォルカー・シュタンツェル
発行人　見城 徹
編集人　福島広司

GENTOSHA

発行所　株式会社 幻冬舎
　　　　〒151-0051　東京都渋谷区千駄ヶ谷4-9-7
電話　03(5411)6211(編集)
　　　03(5411)6222(営業)
振替　00120-8-767643
印刷・製本所　中央精版印刷株式会社

検印廃止

ISBN978-4-344-03200-2　C0095
幻冬舎ホームページアドレス　http://www.gentosha.co.jp/

この本に関するご意見・ご感想をメールでお寄せいただく場合は、
comment@gentosha.co.jpまで。